부산 백 년 길,
오 년의 삭제

부산
백 년 길,

오 년의
삭제

이 준 영
걷고·쓰다

자동차 운전을 하면서 주위 풍광을 품 안에 안기 어렵다. 눈은 정면으로 향하고, 풍경은 스쳐 가기 때문이다. 시각은 이성적이기에 구체성 파악에 약하다. 게다가 속도까지 더하니 차창 밖 경치의 미묘한 차이를 알아채기 어렵다. 이처럼 달리는 차량은 곁길들을 사상捨象하고, 차로로 길을 추상화한다. 내비게이션을 단 운전자들이 몸소 가 본 길을 기억하지 못하는 이유다. 이전 경험을 잘 떠올리는 심상 능력이 뛰어난 사람도 그러하다. 외지로 파견 나온 사람이 지역 지리를 익히지 못한 채 복귀하는 경우가 의외로 잦다. 그가 지독한 길치여서가 아니다. 내비게이션이 신체 일부가 되면서 감각을 종합하는 지각 능력이 퇴화해서다. '문명 이기'의 편리함은 그처럼 표상 능력 감퇴라는 이면을 낳게 된다.

자전거 이용은 차량만큼 속도에 힘입은 시각의 양을 확보하지 못한다. 하지만 귀가 열리고, 코가 뚫린다. 어지간한 길들은 바퀴 아래에 놓인다. 시선이 좀 더 정교해지고, 보행자 표정도 눈에 들어온다. 운전하는 차량 내부에 갇혔던 감각이 열리는 순간이다.

보행에는 오감이 동원된다. 느려서 느낌의 양은 적지만, 질은 깊다. 발바닥에서 전해 오는 촉감이 온몸을 자극한다. 손도 함께 걷는다. 누구와 동행하며 대화의 문도 열린다. 우산 쓰고 들어가기 어려운 골목길도 발아래에 놓인다. 샛골목, 고샅길, 지름길, 흙길, 옛길, 모랫길 같은 온갖 길의 존재감이 되살아난다.

길은 사람과 물자가 흐르는 곳으로 난 통로이다. 자연의 생김새대로 길이 났으니 물길이나 다름없다. 요즘은 이런 본모습을 무시한 도로를 자주 만난다. 토목 기술의 비약적인 발전으로 앞이 막히면 굴을 뚫고, 땅이 굴곡지면 다리를 놓는다. 흐르지 않고, 마구 달린다. 위아래로 구부러진 모양을 거부한다. 직선이고 평평하다. 편리성은 최고이지만, 손톱으로 할퀴어서 지구 표면에 상처를 내는 꼴이다.

이런 새 길의 폭주는 옛길을 관통하고 뜯어낸다. 정든 길에 깃든 기억조차 지워 버린다. 바빠진 사람들은 그 추억을 되새길 겨를이 없다. 분주한 일상이 어디서 왔는지도 모른다. 정말 일이 많아져서인지, 아니면 차가 팽팽 달리는 직

들어가며

선대로가 늘어나서인지 파악할 새가 없는 것이다.

매립埋立으로 영토를 확장한 도시인 부산도 예외가 아니다. 오히려 그런 느낌이 더한 것만 같다. 앞에는 파도가 출렁이고, 뒤로는 험한 산에 가로막힌 마을들이 늘어선 게 본래 부산 원도심의 모습이었다. 이른바 열촌列村이라 불리는 이 지형은 우리나라 어촌 마을의 전형적인 모양새였다. 그 전경을 바라보고 있으면, 옛 어민들의 고단했던 삶이 쉬이 짐작된다. 전답이 손바닥만 하니, 먹고 살려고 마을 사람들은 목숨을 담보로 거친 바다로 뛰어들 수밖에 없었을 것이다.

일제 강점기와 한국 전쟁, 산업화 시대는 이런 부산의 모습을 근본적으로 바꿔 버렸다. 산이 무너져 바다로 밀려 나가면서 해상은 육상으로 바뀌었다. 그 위에는 온갖 건물과 공장이 들어찼다. 그 변화가 자연 현상이 아니라 인력人力으로 이뤄졌으니 매립이나 메움이란 단어로 표현한다. 이처럼 성장 틀을 갖춘 부산은 이후 해양 관문으로 성장하면서 바다 메움의 넓이와 속도를 더했다. 그래서 새로운 해안 길은 그 옛날 어부가 조업을 떠나며 뒤돌아보던 그 바다 지점까지 달려 나갔다. 잔파도가 찰랑거렸던 옛 해안 길들은 건물에 파묻히고, 새 길에 찢겨 나갔다.

오 년 전 부산의 길을 걸었다. 그렇게 도시화와 산업화로 폐기된 옛 백 년 길을 찾자는 의도였다. 대규모 매축 후 건물이 들어서고, 대로가 나면서 그 흔적들마저 사라지고 있어서다. 완전히 없어진 길이 있다면, 위령제라도 지내자는 심정이었다. 하나, 막상 여러 옛길을 걸어 보며 생각이 달라졌다. 자연과 인간의 습성에 따라 생긴 길들의 저력은 만만치 않았다. 이리 치이고, 저리 치이면서도 절대 굴하지 않는 생명체와 같았다. 사람들의 뇌리에서 잊혔고, 몸은 상처받고, 얼굴은 변해 버렸지만, 굳건히 제자리를 지키고 있었다.

어릴 적 후각 경험은 변연계와 해마 깊은 곳에 숨어 있다가 어느 날 툭 튀어나오곤 한다. 길도 그와 다르지 않았다. 한 번 파괴되면 티끌조차 찾기 어려운 건물이나 교량과는 다르다. 그만큼 옛길은 우리에게 원초적이고, 생리적인 장치다. 답사 횟수를 거듭할수록 그 확신은 더욱 굳어져 간다. 이처럼 부산의 역사는 길에 담겨 있다. 유럽의 많은 대도시도 로마의 길에서 비롯됐다. 아시아 대륙의 주요 도시들 역시 실크로드의 거점이었다.

"인간이 외로운 까닭은 길이 아닌 벽을 세우기 때문이다"는 말이 있다. 길의 역사학, 길의 고고학, 길의 인문학이 필요한 이유다. 오 년 전 여정에는 이러한 인문 지리의 목적이 묻어 있었다. 옛길을 찾는 걸음걸이에 더해 삶터의 속살을 보고자 하는 행보였다. 자신이 기댄 도시를 가꾸어 나가는 이들의 숨결을 느끼자는 마음도 함께했다.

여로에서 만나는 토박이들에게서 그 실마리를 얻었

다. 그들이 풍기는 체취에서 고향과 터전의 내음을 맡았다. 허허벌판이나 산등성이에 루핑과 벽돌로 엉기성기 지어진 집들은 원도심의 원형이었다. 부평초 같은 도시민의 삶이지만, 아스팔트에도 뿌리를 내리고야 마는 야생초와 같은 민초의 힘이 전해져 왔다. 오대째 한 번도 마을을 떠나지 않은 수영구 아파트촌의 슈퍼마켓 주인이 으뜸이었다. 네 살 때부터 살아와 누구보다 동네 내력을 꿰고 있다는 괴정동 할머니도 빼놓을 수 없다. 그들 자체가 역사였다. 세월이 켜켜이 쌓인 부산의 저력은 그렇게 나타난다.

전쟁과 가난을 피해 부산으로 흘러들어 온 그들은 우리 할매신의 도움에 힘입어 난관을 극복했다. 그리 생계를 잇고, 아이들을 키우고 나니 하얀 눈발이 머리 위에 새하얗게 내려앉는 나이가 되고 말았다. 이제 고단한 삶을 놓아두고, 몸과 마음을 쉬게 할 때가 왔다.

부산 옛길 여행을 마친 후 얼마간 시간이 흘렀다. 문재인 정부 도중에 아파트 광풍이 불기 시작했다. 도저히 감당할 수 없을 가격 폭등은 몸을 가눌 수 없을 지경으로 서민들을 몰아붙였다. 이때 "부산의 영도가 사라지고 있다"라는 풍문이 산 밑으로 밀려 내려왔다. 진원지는 산복도로에 자리한 어느 갤러리. 사방이 훤히 내려다보이는 높은 곳에서 나온 말이니 바람에 떠도는 소문이라고 마냥 치부할 일은 아니었다. 개인의 경험도 궁금증을 더했다. 마라톤 대회 때 영도를 마주 보며 부산항대교 위를 뛰었던 기억이 선명히 떠올랐다. 비스듬히 드리운 강선 鋼線을 따라 바닥판을 지탱하는 사장교 위를 달리는 것은 기이한 체험이었다. 수많은 쇠줄이 소실점으로 수렴되는 듯 공중의 한곳을 향해 치솟는 모습을 하고 있었다. 이 거대한 비상 행렬을 마주하고 뛰면서 나 자신도 곧 영도 봉래산 정상에 설 것 같은 환상에 빠졌던 적이 있다. 바다 위를 달리는 다리와 바다에 떠 있는 섬과의 조화는 그처럼 오묘했다. 그 섬이 없어지고 있다니….

부산 초량시장 입구에서 시내버스 52번에 몸을 실었다. 산복도로 위에 있는 수정아파트로 가기 위해서였다. 그곳은 버스가 더 올라갈 곳이 없는 종점에 자리했기에 일망무제 一望無際의 전망이 시원하게 전개되는 장소이다. 도대체 부산에서 큰 섬 중 하나인 영도가 어떻게 되었길래? 이 의문을 직접 풀기에 더없이 좋은 포인트이기도 하다. 버스가 헐떡이며 가팔막을 올랐다. 출발할 때마다 약간씩 뒤로 밀렸다. 그렇게 산복도로에 올라 한숨 돌리자마자 다시 언덕 위로 방향을 잡는다. 수정아파트는 그만큼 공중에 있는 공동주택이다. 버스에서 내릴 때 케이블카에서 느낄만한 현기증을 잠시 맛보았다.

수정아파트는 1969년에 건립되었으니 나이가 쉰을 훌쩍 넘었다. 애초 4~5층 높이로 18개 동을 지었다. 말이 아파트이지 연립 주택 규모로 보는 게 맞을 것 같다. 세월의 무

들어가며

게 속에 퇴락한 모양이지만, 단독 주택이 주류를 이뤘던 그때에는 제법 때깔 나는 보금자리였다.

집의 숲에서 '갤러리수정'으로 들어섰다. 수정아파트 안에 자리한 그림 방이다. 바다 쪽 창문을 열고 영도 방향으로 내다보니 정말 섬이 가라앉고 있었다. 봉래산 방송 송신탑만 조금 남았을 뿐이다. 우후죽순처럼 올라온 고층 아파트들로 인해 영도가 물밑으로 없어지는 착각이 일어났던 것이다. 갑자기 30층 이상의 고층 건물들이 쑥쑥 들어서더니 영도를 막기 시작했단다.

다른 방향도 사정이 다르지 않다. 10년 전 슬그머니 한 단지가 들어서더니 현재는 성벽을 방불케 할 지경이 됐다. 좌측 역시 건물 사이로 풍경이 조각나 버렸다. 그곳 어른들은 조망권을 즐길 겨를이 없었다. 젊을 땐 어두운 새벽을 헤치고 일을 나가면 별을 보면서 퇴근하기 일쑤였다. 바다를 내려다보며 여유를 즐기는 자체가 사치였다. 그분들이 노년에 이르자 이제 고층 건물들이 그 전망을 독차지해 버렸다. 젊어서도 늙어서도 조망권은 언제나 남 몫이었다. "바다는 우리만 볼게"라는 부자들의 목소리가 환청처럼 들렸다.

고층 아파트 건설은 조망권 새치기나 다름없다. 바다 풍경은 부산 시민 누구나 산 중턱을 찾으면 즐길 수 있는 공유 재산이다. 이를 꼭대기 층에 거주하는 일부 주민이 독점하는 행위는 반칙이 아닐 수 없다. '갤러리수정'에서는 이제

11

작품 감상을 잠시 멈추고 전망을 즐기는 호사를 누릴 수 없게 됐다. 그 대신 여기를 찾는 사람들은 전망을 전유專有하는 자본의 횡포에 예외 없이 분노를 표시한다. 자연 풍광마저 이른바 '있는 자'들이 모두 차지하는 현실을 개탄하는 사회적 담론의 장소로 변한 것이다.

호주 시드니에 더들리 페이지라는 평지가 있다. 시드니항의 아름다운 경치가 한눈에 들어오는 명소이다. 그 땅은 원래 더들리 페이지라는 인물의 개인 부지였다. 이 사람은 그곳의 멋진 전망을 혼자 보기 미안했던 모양이었다. 앞쪽에 어떤 건물도 짓지 않는 조건으로 이 부지를 시드니시에 기부했다. 이처럼 자연은 모두의 것이라는 인식을 우리는 가질 수 없는 것일까.

일부 계층이 전경을 금고 속 재산처럼 여기는 공동체에 과연 미래가 있을까. 그런 의문이 머리를 떠나지 않았다. 다시 탄 시내버스 52번에는 몇 명의 노인만 앉아 있었다. 그 버스를 타고 다시 아래로 내려왔다. 오 년 전 다녔던 옛길을 다시 걸어 보기로 마음을 다진 채였다. 하늘을 점령한 아파트가 옛길도 그냥 두지 않았을 것이란 염려가 앞섰기 때문이었다.

줄리언 반스의 소설 제목 『예감은 틀리지 않는다』처럼 나의 육감은 그대로 적중했다. 그토록 집요하게 옛날 모습을 지탱했던 옛길도 부동산 광풍 앞에서는 무력했다. 백

들어가며

년 길이 불과 오 년 만에 손을 드는 현장이었다. 그 여정에서 길만 사라지는 게 아니었다. 사람 비명에 깜짝깜짝 놀랐다. 어느 할머니가 스스로 목숨을 끊었다는 흉흉한 소문이 들려왔다. 노인이어서 자연사로 여겨서 그렇지, 갈 곳을 잃어 삶을 포기한 어른들이 많다는, 확인되지 않은 말들도 떠돌았다. 철거 관계자들이 집 안으로 들어오는 걸 막기 위해 비싼 자물쇠를 사서 문이란 문을 다 막았는데 열쇠쟁이가 몇 초 만에 따고 들어왔다는 어느 노부부의 전언은 마음을 아프게 했다.

개발업자들은 보상금을 충분히 줬다지만, 그 돈으로 마땅히 갈 곳이 없는 게 일부 원주민의 처지다. 길거리로 내쫓긴다는 두려움에 떨 수밖에 없다. 밀리고 밀려서 온 소외의 세월이다. 그 고난의 폭풍은 가난한 이들에만 들이닥치는 것인가. 옛길의 삭제는 곧 그 길을 터전 삼아 살아온 사람들을 부정하는 것이나 다름없다. 그 숫자가 적더라도 타율적 희생은 폭력의 결과일 뿐이다. 토박이들의 보금자리를 노리는 탐욕의 발톱은 갈수록 날카롭다. 부동산 광풍에 한몫 잡으려는 재개발 움직임은 비정한 불도저나 마찬가지다.

이런 일을 벌인 주원인은 재개발과 재건축의 이익 구조라고 할 수 있다. 건축업자들의 이익은 땅값, 즉 아파트 부지 매입 비용에서 판가름나는 경우가 많다. 건축비는 일정하니 싼 땅을 찾아서 분양을 성공적으로 마치는 게 관건인 셈이다. 그러니 더 개발할 부지가 없는 부산에서 기존 주택을 뜯고 짓는 건 채산성이 맞지 않다. 막대한 보상비가 들수밖에 없기 때문이다. 하늘 구멍이 뚫린 주택 가격 폭등은 건축업자들의 그런 고민을 시원하게 해결해 주었다. 아파트 가격이 단기간에 2~3배 오르니 낡은 주택을 뜯고 집을 지어도 충분한 이익이 보장되었던 것이다. 백 년을 견뎌낸 옛길들도 그 앞에서 풍전등화에 불과했다.

　　오 년이란 세월의 간격은 어찌 보면 현대 도시에서 긴 시간이라고 할 수 있다. 하루가 멀다 하고 발전을 빌미로 부가가치를 마련하려는 자본주의 생리를 보면 그렇다. 하지만 그걸 고려하더라도 최근의 오 년은 거대한 변형의 '시간적 형상'이다. 이 글은 그 속에서 소리 없이 사라져 간 길을 담은 기록이다. 21곳을 다시 걸었다. 첫 답사와 조사·확인 절차를 합하면 100만 걸음에 가깝다.

　　많은 이의 도움 덕분에 이 책은 세상에 선을 보일 수 있었다. 부산학당 이성훈 대표는 2018년 답사 때 길라잡이와 자문 역할을 맡았다. 이 대표가 있었기에 당시 해당 답사 기획과 보도가 가능했다. 이번 재답사 때도 중요한 조언과 격려를 잊지 않았다. 그는 바다에선 해도를, 부산항에 내리면 지도를 눈에서 떼지 않는 외항선 선장 출신이다. 오대양에선 보이지 않는 길을, 부산에선 지워진 길을 찾으려는 노력을 끊임없이 한 길의 명인이다. 30년 해상 생활의 부산 사나이 이 대표가 '도시를 걷는 선장'으로 나선 건 고향 사랑의 발로였다. 그 당시 부산 백 년 길 찾기에 동행했던 김성희, 최의학 씨에게도 이 자리를 빌려 고마움을 표시한다.

부산 길을 걸을 때 매번 격려해 주시고 조언을 아끼지 않으신 주경업 선생님을 잊을 수 없다. 길 답사를 하며 떠오른 인문학적 인식은 부산대 박재환 교수님과 부산교대 이미식 교수님이 주신 가르침의 결과이다. 졸고를 아름다운 책으로 만들어 준 호밀밭 출판사 장현정 대표와 민지영 에디터, 최효선 디자이너에게 고마움을 표한다. 가족 경아·홍아·민아의 응원은 늘 버팀목이다. 위태로운 부산 백 년 길을 향한 고민을 책으로 엮도록 지원해 준 모든 이에게 감사의 마음을 전한다.

이 책은 방일영문화재단의 지원을 받아 저술·출판 되었습니다.

차례

II 망각을 바라는 흔적 유실의 현장

III 파도가 덮치고
몽돌이 쓸리는 해조음

I

1
부동산 욕망에 불붙인 동해선 개통

부산교대~송상현광장

바다 물결의 미세기[1]는 도시라고 다르지 않다. 간조 때 모 랫비닥이 드러나지만, 만조의 풍만함은 얼마 안 있어 재현된다. 도심지 변천도 밀물 썰물의 이치와 같다는 걸 여정에서 절감한다. 단지 그 바뀜이 더디어서 쉽게 체감이 안 될 뿐이다. 이는 역사 기록의 중요성을 다시 느끼는 계기로 통한다. 기억을 지닌 이들이 모두 이 세상을 떠난 후 어찌 그 내력을 알 수 있을까.

부산교육대학교에서 송상현광장까지 여정에서 그런 부침을 확인한다. 한때 부산의 간선이었으나, 서면~양정~연산으로 이어지는 줄기에 그 지위를 빼앗겼던 세월. 그렇게 한산한 곳으로 전락한 간조 시간을 견뎌내고, 다시 바닷

1   밀물과 썰물을 통틀어 이르는 말

물이 밀려와 해면이 높아지는 변화상을 목격하는 발걸음이다. 그 발길은 옛 자취에 풍덩 빠지는 유영이기도 하다.

오 년 전에는 그런 감상에 젖었다. 지금은 다르다. 속도가 너무 빠르고, 규모가 너무 큰 쓰나미나 다름없다. 아마 그때는 변화상을 단순한 밀물로 오인했다는 생각을 지울 수 없다. 익사할지 모른다는 두려움도 앞선다. 동해선 개통 후로 역세권 이익을 노린 토건·건설 자본의 발톱은 그만큼 날카롭고 거칠다. 다시 덮쳐오는 너울에 휩쓸려 가지 않도록 얼마 남지 않은 보배를 지켜야 한다는 의무감도 함께 밀려온다. 유적이 부족하다는 시선에 늘 시달리는 부산이다.

'샘터'를 '센텀'으로 읽는 사람이 없기를

도시철도 교대역 5번 출구에서 출발한다. 동해선과 도시철도 환승지로 변한 교대 주변이 새로운 교통 중심지로 부상 중이다.

서쪽으로 걷는다. 골목길 구석에서 '골드치킨'을 발견한다. 흔히 보는 프랜차이즈가 아니어서 이목을 끈다. 옛날 방식으로 닭요리를 하는 곳이다. 허름하지만, 단골들이 꽤 많단다. 그 앞에 있는 '황새알우물'에서 샘물이 흘러나온다. 부산에서 가장 오래됐다는 우물터이다. 가까이 가보니 신기하게도 맑은 물이 솟아난다. 그간 보았던 우물들은 폐쇄

동해선 교대 주위에서 아파트 공사가 진행되면서
자연 부락이 단절돼 버렸다.

I. 눈을 의심케 하는 도심 속 황토 벌판

된 채 모양만 갖추고 있었다. '샘터'라는 이름을 가진 우물터 옆 아파트도 정겹다. 건설회사 이름과 뜻 모를 영어로 뒤범벅이 된 공동 주택들을 생각하니 혀가 꼬인다. '샘터'를 '센텀'으로 읽는 사람이 제발 없기를 바라는 군걱정도 해 본다.

황새알마을이란 이름은 대조大鳥의 뜻인 '한'과 '새'가 합쳐져 '한새'로 바뀐 후 '황새'로 불리면서 생겼다는 설명이다. 황새가 소나무가 많은 이곳에 알을 낳아 붙여졌다는 설명도 있다.

우물터 청량감은 마주 보이는 어린이 전문 서점으로 이어진다. 부부가 운영하는 '책과 아이들'은 동화의 나라나 진배없다. 5층짜리 건물 구석구석에서 동화책과 동화 작가의 내음을 맡는다. 풀 한 포기 찾기 어려운 독서 생태계에서 오아시스를 만난 기분이다.

부산교육대학교 정문 쪽으로 오른다. 정문 앞 도로를 건너 음악교육관 쪽으로 오른다. 왼쪽 언덕 위로 아파트들이 하늘 높은 줄 모르고 솟아 있다.

동해선 교각 아래를 통해 마을로 들어간다. 오 년 전과 달리 한가운데서 아파트 재건축이 이뤄지면서 마을이 갈라져 버렸다. 마을을 거닐며 과거 동래읍성 남문을 들어가는 남문구의 흔적을 즐기는 건 이제 불가능해졌다. 남은 양쪽 마을을 둘러봤지만, 인적이 드물다. 비워진 집들이 대부분이다. 무너진 지붕 아래로 거니는 고양이만 한가롭다.

개통한 동해선을 따라 아파트 공사가 대규모로 이뤄지고 있다.

I. 눈을 의심케 하는 도심 속 황토 벌판

우후죽순처럼 자라는 아파트 골조

　무거운 마음으로 마을에서 나와 거제법조타운으로 들어선다. 2001년 조성된 법조타운은 거제동이 옛 영화를 되찾는 계기가 된다. 도시 중심은 교통망과 함께 형성되는 법. 이 지역은 도로와 철도, 전찻길이 함께 달리는 중추 신경과 같은 곳이었다. 그 시기는 일제 강점기를 거쳐 1960년대까지 이어진다. 이후 도시계획에 따라 연산, 양정, 서면 축으로 교통망이 옮겨가면서 거제동은 변방으로 밀려나는 신세를 면치 못한다. 거제동이 다시 주목을 받는 데 있어 법조타운 조성의 효과는 지대했다.

　법조타운의 거제역 옆에 있던 낮은 집들 역시 어김없이 사라져 버렸다. 공동 주택 공사를 위한 가림막 공사가 마무리 단계이다. 길 건너 경남아파트와 현대아파트를 바라보며 거제대로를 걷는다. 그 아파트들 자리에는 과거에 조선견직이 있었다. 아파트로 변한 부산의 수많은 공장의 운명을 다시 보는 순간이다.

　건널목을 건너 거제한신아파트와 연제그린타워 사이로 난 길을 걷는다. 넓지 않은 구도로인데도 일직선으로 뻗어 있다. 아니나 다를까, 1968년까지 운행하던 전차가 다니던 길이다. 인근에 있는 동해선역 위치를 머리에 그리며 옛 전차 정류장 자리를 가늠해 본다.

　동해선 거제해맞이역까지 걸어간다. 이 역의 원래 이

름은 거제역. 동해선과 도시철도 명칭 일원화 방침에 따라 남문구역에 그 역명을 넘겨준다. 하지만 '해맞이'라는 정겨운 옛 지명을 되살리는 반전이 있었다. '해맞이'는 이곳의 옛 지명인 '홰바지'에서 유래한다. 부산진시장으로 간 상인들이 저녁 무렵 돌아오는데, 어두운 밤에 가족들이 횃불을 들고 마중을 나왔다 해서 그렇게 붙여졌단다. 그때는 숲이 우거진 험한 고개였기에 산적들이 물건을 뺏고 사람을 해치는 일이 많았던 모양이다. 바닷가도 아닌데 왜 해맞이인지 의문을 제기하는 사람이 여전히 있다.

단선으로 제구실을 못 하던 동해남부선은 2016년 복선 전철인 동해선으로 일광까지 개통됐다. 2021년에는 울산 태화강까지 연장됐다. 동해선이 새로운 역세권으로 부상하면서 일대는 대규모 아파트 공사장으로 변했다. 거제해맞이역 주변도 예외가 아니다. 거제리 안동네를 포함해 광범위한 지역에서 아파트 골조가 우후죽순처럼 올라오고 있다.

"아파트 광풍에 날아가 버렸구나"

이 일대가 일제 강점기 때 지어진 일본식 가옥 집결지여서 그 전개 양상이 궁금하고 걱정스럽다. 그 가옥들은 1930년대 동해남부선 공사 때 일본인 기술자와 노무원을 위해 지어졌다. 이후에는 철도 직원들이 입주해 거주촌을 이

원형을 간직한 일본식 가옥이 언제 다시 덮칠지 모를
아파트 공사 발톱 앞에 위태롭게 서 있다.

뤘다. 목조 기와 주택인 그 관사들은 당시에 최첨단 가옥이었다.

세월이 흐르면서 일본식 가옥들은 많이 사라졌고, 소수만이 남아 있을 뿐이다. 그 가운데 한 채가 아직도 남아 있는지 걱정이었다. 2018년 답사 때까지 원형을 간직한 집이었기 때문이다. 목판 외벽과 기와가 그대로이고, 관사 번호인 듯한 한자 숫자 표시판도 훼손되지 않은 모습이었다. 그 집을 찾으려 거대한 공사판으로 변한 계성여고 앞 일대를 헤맸다. 중간중간 도로가 끊기는 바람에 철조망 위로 넘어가는 경우도 생겼다.

하지만 그 가옥을 만날 수 없었다. "결국 아파트 광풍에 날아가 버렸구나"라는 낭패감을 느낄 즈음 목제 담장이 불쑥 눈 안에 들어왔다. 바로 그 집이었다. 공사장 경계선에 얼마 떨어지지 않은 지점에 서 있었다. 아슬아슬하게 해당 가옥이 재개발지에서 빠진 걸 확인하고는 안도감을 느꼈다. 하지만 언제 사라질지 모른다는 걱정은 여전히 사라지지 않는다.

아파트 공사로 인근 계성여자고등학교 건물 안전이 위협받는 일까지 벌어지고 있다. 학생들은 "공사 피해로 운동장을 사용할 수 없고 학교 건물도 내부가 쩍쩍 갈라져 두려움에 떨면서 수업을 받고 있다"고 하소연한다. 이 때문에 법정 소송이 벌어지고 학교 건물을 새로 지어야 할 상황까

아파트 건설 공사로 학교 건물이 붕괴 직전이라며 집단 시위하는
계성여고 학생들 모습을 보도한 2023년 4월 17일 부산일보 지면.

지 이르렀다. [2]

　　마을을 거닐면서 내려와 거제초등학교 후문에 다다른
다. 유림아시아드아파트 축대 벽을 따라 내려간다. 송상현
광장으로 방향을 틀어 가다가 하마비 앞에 선다. 그곳을 방
문하거나 지나가는 사람은 하마비를 보고 말에서 내려 동래
정씨 시조 묘소에 참배했다. 난 말을 타지 않았으니 말에서
내리지는 않았으나 몸 대신 마음을 내려 예의를 차린다. 하

2　　　　KBS 2023년 3월 23일 방영. 부산일보 2022년 12월
23일 자 게재.

마비를 세우고 정자를 마련했다는 의미로 지금도 하마정이란 지명으로 통한다.

목적지인 송상현광장에 못미처 애견 가게들이 즐비하다. 송상현광장이 있는 자리는 '모너머고개'로 불린다. 지금은 그리 높지 않지만, 90년 전만 하더라도 아주 높은 고개였다고 한다. 이후 도로와 전차 공사로 여러 번 깎이면서 지금의 지형이 됐다. '모너머'는 '못 넘는'이란 뜻을 가진다. 도둑을 막겠다는 용기가 있고, 개항과 일제 강점기에 일본인이 넘지 말라는 기개도 담겨 있다. 그처럼 부산을 안과 밖으로 나눈 경계점에서 여정을 멈춘다.

● **길라잡이 포인트**

> 도시철도 교대역-부산교육대학교-거제법조타운-
> 동해선 거제해맞이역-송상현광장

I. 눈을 의심케 하는 도심 속 황토 벌판

2
지우개로 지운 철판 같은 백 년 고갯길

우암동 소막마을

변방은 말뜻대로 중심과 동떨어져 있다. 세상의 변화를 못 따라가는 변두리 신세다. 심지어 중심이 내놓는 배출물을 고스란히 안아야 하는 처지가 되기도 한다. 그곳이 언젠가 쓸모가 생기면, 또 수고로움을 안기는 것도 도시의 못된 속성이다. 수려한 바다와 화려한 빌딩과 충만한 문화를 자랑한다는 부산도 예외가 아니다. 해양 수도란 명성을 얻을 때까지 온갖 궂은일을 도맡았던 지역에 또다시 고된 역할을 맡기는 경우가 어찌 없을까.

　부산 남구 우암동牛岩洞의 현재와 과거를 찬찬히 들여다보면, 이런 생각이 스멀스멀 피어오른다. 그곳은 일제 강점기 때 한국 소들의 반출지였고, 그 소막사가 해방 후 귀향자와 한국 전쟁 피란민들의 삶터가 된 지역이다. 이들은 이후 우암동 일대에 들어선 여러 공장에 노동력을 제공했다.

그러나 이 세월도 오래가지 않았다. 산업 구조 재편으로 공장과 사람이 밀려났고, 쓸쓸한 공기만이 그 자리를 대신했다. 이곳에 다시 바람이 불어오고 있다. 이름하여 재개발 열풍. 옛사람들이 장에 가기 위해 짐을 이고 지고 넘던 고갯길은 정비 사업 구역 안으로 빨려 들어가 버렸다.

그래서 이번 여정은 기억을 각인하는 작업이다. 잊어버린 기억을 되찾는 이전의 발걸음과 그 성격이 사뭇 다르다. 이렇게라도 종적을 남겨놔야 훗날 항해의 좌표가 되기 때문이다. 그게 바로 역사를 기록하고, 공부하는 이유이니까.

리우데자네이루를 찾아서

첫 우암동 답사 전 리우데자네이루 풍경을 볼 수 있다는 풍문을 들었다. 당장 눈앞에 펼쳐지는 건 가득한 컨테이너와 크레인, 그리고 군데군데 쓰러져 가는 가옥들. 그런 곳에서 세계 3대 미항의 경치를 과연 찾아낼 수 있을까 하는 의문이 밀려왔다. 마술을 부리는 카메라의 재주일지 모른다는 추측도 했다. 피사체의 크기와 색상, 채도, 명도를 온전히 담아내지 못하기에 대상을 더 매력 있게 잡아내는 게 사진기 속성이므로.

그 의문이 싹 사라졌던 5년 전 경험을 다시 하기 위해 길의 기억을 더듬는다. 남부중앙새마을금고 정류장이 출발점. 길 너머 새마을금고와 우암2동 우편취급국 건물이 매립전에 있었던 옛 적기 뱃머리 자리다. 일제 강점기 때는 새마을금고 건물 뒤쪽에 우역검역소와 소막사들이 있었다. 조선소들이 거기서 배에 실려 일본으로 반출됐다. 해방 이후에는 부산시청(현 롯데백화점)까지 '편리사'라는 통통배가 다녔다. 출퇴근이나 볼일 보러 오가는 우암동 주민들의 주요 교통수단이었다.

일제 강점기에 이 일대는 적기赤崎·아까사끼로 불렸다. 나이 지긋한 이들 중에 지금도 이곳을 그렇게 부르는 사람이 있다. 이 지명에 대한 설명은 두 갈래이다. 붉은 산이 있는 우암동의 지질상 특징에 따른 것이라는 설이 있다. 오랑캐를 물리친다는 뜻의 이 일대 지명인 '감만戡蠻'이라는 이름을 사용하기 싫어 일제가 의도적으로 적기라는 지명을 사용했다는 이야기도 전해진다. 1930년대에 우암로 앞쪽이 매립되면서 적기 뱃머리가 사라졌다. 매립지에 부두와 컨테이너 장치장이 들어섰다.

마을을 바라보는 방향에서 오른쪽으로 발길을 내디딘다. 길가에 낡고, 먼지투성이인 술집 간판이 하나둘 버티고 있다. 호경기로 손님들이 넘쳐났던 시절의 영화는 오간 데 없다. 이곳에도 사람 어깨를 부딪치지 않고 길을 걸을 수 없었던 시기가 있었다. 1960~1970년대에 성창목재와 제분 공장, 양말 공장 등이 번창하면서 인구가 폭발적으로 늘어난 것이다. 사람과 돈이 돌고 도는 세상, 술집도 어찌 흥청망청 하지 않았으리.

현대오일뱅크를 지나자 산 쪽 도로를 만난다. 거기에 들어서자마자 오른쪽으로 꺾이는 길이 우암로200번길이다. 우암동새시장이다. 아니, 우암동새시장이었다고 과거형을 써야 옳다. 인구가 급증하던 시절, 기존 우암시장에 과부하가 걸리자 새로 조성된 시장통이다. 그러나 지금은 썰렁하다. 과연 시장이었나 하는 의구심이 들 정도다.

우암양달마을행복센터는 우암동의 유일한 영화관이던 동원극장 터였다. 인구도 줄고, 멀티플렉스 광풍도 부니 영화관 운영이 제대로 될 리 만무했을 것이다. 그만큼 쇠락의 속도는 빠르고 범위는 넓었다. 노동자와 주민에게 현실의 아픔을 잠시라도 잊게 했던 영화관이 사라진 자리에 들어선 행복센터가 이름처럼 그들에게 행복을 가져다주길 바라는 마음이다. 도로 폭이 꽤 넓은 우암양달로로 올라선다. 군데군데 지붕이 무너진 가옥들이 우암동 쇠퇴를 다시 한번 보여 준다.

소막사 지붕 모습이 그대로

동항성당東港聖堂이 우측 산 쪽으로 어깨를 드러낸다. 우암동 주민과 고락을 같이 한 성당이다. 한국 전쟁 이후 지역 빈민 사업과 사회 복지 사업에 큰 역할을 했다. 지역 사회의 빛과 소금이었다. 1959년 3대 본당 신부로 부임한 독일인 하 안토니오 신부는 '판자촌 성자'로 불린다. 사재를 털어 빈민을 구제하고, 전쟁고아를 돌보고 가르치는 등 교육 사업에 헌신하며 일생을 보낸 인물이다. 그가 당시 촬영한 사진들은 여러 전시회에서 '시간 속에서 걸어 나온 우암동 사람'이란 평가를 받았다. 신부는 2017년에 95세로 선종했다.

동항성당 정문을 나오니 거대한 황토 벌판이 입을 다물지 못하게 한다. 주택재개발 정비사업으로 5년 전 답사 때 만났던 집들이 거의 사라진 듯했다. 일단 놀란 가슴을 진정시키고 우암동마실길을 따라 올라간다. 그 길로 올라가면 동항성당 옥상에 있는 예수상이 보인다. 멀리 보이는 부산항대교를 품에 안은 듯한 모습이다. 브라질 리우데자네이루 항구를 내려다보는 예수상의 모습은 지금도 여전했다. 코르코바도언덕의 그것과 비교해 크기는 작지만, 포근함은 그에 못지않다. 우암동 주민들에게 동항성당이란 존재의 크기가 그렇다. 5년 전에 비해 방문객 접근이 더 쉽도록 주변이 정비된 모습이다.

감동과 아쉬움을 뒤로 하고, 소막마을로 향한다. 출발점이었던 새마을금고 뒤쪽 동네다. 우암동은 그 이름처럼 소와 떼려야 뗄 수 없는 관계를 맺고 있다. 일제 강점기 때는 우역검역소와 소막사들이 있었고, 한국 전쟁 때는 소막

거대한 황토 벌판으로 변한 장고개 일대 주택 재개발 정비 사업 구역.
2천여 세대의 아파트가 들어설 예정이다.

사가 피란민들의 수용소로 변했다. 이후 이들은 그곳에 그대로 눌러앉았다. 소막사가 삶의 터전이 된 것이다. 전체적으로 우사 40곳에 19개 건물이 배치돼 있었다고 한다. 소막하나의 크기는 폭 5칸(약 9m), 길이 15칸(약 27m) 정도였던 것으로 보인다.

소막마을 골목길로 들어선다. 한 번 들어가면 되돌아나오기 어려울 정도의 실핏줄 같은 미로가 이어진다. 소막마을을 양분하는 우암번영로를 제외하곤 모두 좁은 길이다. 소막 형태가 그대로 남은 집들이 곳곳에서 눈에 띈다. 어떤집은 지붕의 반쪽만 소막사 형태다. 지붕 일부에만 소막사흔적이 남아 있는 가옥도 보인다.

무허가이다 보니 전면적인 개보수를 하지 못하고 조금씩 고치다 보니 그런 모양새가 된 것이다. 그 가운데 전면은 일본식 가옥이고, 지붕은 소막사 형태인 한 곳이 '소막사커뮤니티센터'로 조성되고 있다. 하지만 오 년 전 보았던 그맛은 없다. 새 자재로 흉내만 낸 것 같다. 골목길 안에는 옛우물터가 있다. 골목 분위기를 밝게 하려고 칠한 노랑 페인트가 정겹다.

누굴 위한 재개발인지

소막마을을 나와 장고개를 향해 올라가려니 거대한 가

림막이 앞길을 막는다. 길이 사라져 개구멍을 통해 겨우 큰 길로 나오니 지난 1월 25일부터 고개까지 가는 장고개로가 재정비구역 안으로 들어가 버렸다는 안내판을 만난다. 우암 동에서 고갯마루까지 나 있던 '장고개로'가 아파트 안으로 사라져 버린 것이다. 가림막 안쪽의 거대한 용지가 바로 동 항성당에서 내려다 보였던, 바로 그 황토 벌판이다.

공사장 안으로 들어가 아직도 남아 있는 옛 흔적들을 살핀다. 이불집과 전기 제품 수리 센터가 있는 삼 층 짜리 건 물 한 동이 동무들을 잃은 채 외로이 서 있다. 마을버스 정류 장 표지판도 빛바랜 얼굴로 걸려 있는 모습이다. 이 밖에는 남은 자국을 찾을 길이 없다.

공사장 주변서 만난 한 주민이 이곳을 터전으로 삼은 토박이가 아니고는 알기 어려운 얘기를 전했다. 영화 〈친 구〉에서 배우 유오성이 밝힌 본적이 바로 거기라는 것이 다. 영화 다시 보기를 돌려 보니 사실이었다. 그만큼 장고개 는 우암동은 물론 부산 사람들을 향수에 젖게 하는 지역이 라고 할 수 있지 않을까. 그래서 다음과 같이 2018년 쓴 내 용을 다시 싣는다. 지금은 없어진 건물과 길, 사람들을 기록 으로 남기기 위해.[3]

---

3   부산일보 2018년 3월 7일 자 게재

재정비 구역에 포함돼
출입 금지 상태인 장고개로와
그 사실을 알리는 안내판.

소막마을은 출발지인 남부중앙새마을금고 뒤쪽과 장고개길 왼쪽, 아신아파트 아래쪽에 형성돼 있다. 검역소는 현재 아신아파트 자리에 있었던 것으로 추정된다. 옛 검역소가 있었다는 아신아파트 뒤편 동항로에 우암동 쌈지도서관이 있다. 우암2동 파출소가 있던 자리다. 우암동 인구 격감으로 파출소 통폐합이 이뤄지면서 도서관으로 변모했다. 공장들이 폐업하거나 외지로 이전하면서 지역 경제가 계속 침체 상황이다. 젊은이들이 많이 빠져나가면서 고령화 현상도 심각하다. 이런 상태에서 부는 재개발 바람 속에서 오갈 데 없어진 노인들의 신음이 떠다닌다. 경제력과 활동력이 부족한 그들이 보상비로 부산 어디에서 삶터를 마련할 것인가. 그 고통이 여정 중 만난 여러 사람의 입을 통해 들려 온다.

그들이 젊은 시절에 신발이 닳도록 다녔을 장고개를 넘는다. 우암동 쪽에서 문현동 쪽으로 넘어가는 언덕이다. '장을 보러 갈 때 넘는 고개'라는 뜻으로 장고개라는 이름이 붙였다. 장바구니와 보따리를 이고 지고 삼삼오오 이야기를 나누며 고개 넘어 부산진시장으로 향하던 우암동, 감만동 사람들의 모습이 떠오른다. 그 도중에 있는 우암동 주민체력단련장 마당에 '수출소

검역소 옛터' 표시석이 있다. 국립수의과학검역원 100
주년을 기념해 세운 것이다. 원래 위치와는 동떨어져
있지만, 기록적 가치가 있어 보인다.

다시 현실로 돌아와 발길을 내디뎠다. 남구 문현동 경
계 지점인 상경전원아파트 앞이 장고개 마루다. 아직도 장
고개 설명판이 놓여 있다. 앞으로 사라진 도로에 관한 설명
도 넣어야 하리라. 우암동에서 여기까지 기존의 장고개로
를 대신해 넓은 아스팔트 우회로가 생겼다. 그곳을 넘어서
니 문현동이다. 길 끝자락에 있는 문현동 곱창거리를 지나
면 큰길이다. 우측으로 350m 정도 걸으면 도시철도 2호선
지게골역 3번 출구가 나온다.

길라잡이 포인트

남부중앙새마을금고 정류장-우암양달마을행복센터-동항성당-
소막사커뮤니티센터-새 장고개로

3
'정중앙'마저 뽑아 버린 재개발의 위력

당감시장~동평초등학교

갑자기 쏟아져 들어온 사람과 문물이 뒤섞여 특유의 체취를 풍기는 게 도시의 특성이다. 한 도시는 이처럼 나름의 색깔을 드러낸 채 굉음을 내며 질주한다. 그래서 도시 안의 모습은 차이 없는 하나의 모습으로 인식되기 쉽다. 하지만 완벽한 균일체는 이론상으로나 있는 법. 자세히 들여다보면, 그 속에서 다른 성질의 그 무엇이 결국에는 눈에 들어오고 만다. 그런 원인 중 하나가 지리적 요소다. 사통팔달의 좁은 도시에서 그게 무슨 변수가 될까 싶지만, 실상은 그렇지 않다. 사람과 물자가 빈번한 곳이 있고, 외딴 도서島嶼처럼 여러 장벽에 갇힌 곳도 분명히 존재한다. 특히 섬 같은 지점이 변두리가 아니라, 도심 속이라면 과거 도시 흔적이 뚜렷하다.

　　부산 부산진구 당감동에서도 그런 해조음이 들렸다. 이곳은 백양산과 금용산에 둘러싸여 있고, 철길 가득한 철도 차량기지에 가로막혀 있다. 지금은 시민공원으로 변했지만, 얼마 전까지만 해도 하야리아 부대가 버티고 서서 왕래를 막았다. 최대 번화가인 서면이 지척이지만, 아직도 외진 곳이란 인상이 짙다. 그렇지만 도시철도 재배치 계획과 주택 재개발 바람에 당감동이 들썩인다. 바다도 예사로 메우는 부산이니 그 속도는 더욱 빠르리라. 이번 방문이 그 기억의 편린이라도 갈무리하려는 여정인 까닭이다.

점차 사라져 가는 이북 냉면 원형질

출발점은 당감1치안센터 버스 정류장. 거기에서 백양대로60번길로 접어든다. 길 양쪽 편에 난 골목길로 드나들면서 옛 건물의 모양새를 훑는다. 한국 전쟁 후 피란민 수용소가 있던 자리다. 이북 사람들이 많이 살았다는 의미의 '당감동 아바이마을'로 불리는 이유다. 그 모습은 사라졌지만, 남아 있는 판잣집들에서 당시의 고단했던 삶을 떠올려 본다.

당감동에는 맛집으로 알려진 냉면집이 꽤 있다. 이 식당들은 북한 고유의 원형질을 나름대로 간직하고 있다는 평을 듣는다. 그 이유는 조금 전 지나온 옛 피란 수용소에 있다. 한국 전쟁을 피해 당감동에 자리 잡은 북한 출신 주민들이 간직한 고향 맛이 그런 결과를 낳았다. 도시 속의 섬이란 당감동의 특성이 음식으로 발현하는 것 같은 느낌이 든다.

100m 정도 올라가 만나는 본정냉면이 그 첫 집이다. 이 냉면집 이름은 주인 고향인 함경북도의 동네 지명을 딴 것이다. 60년이 넘는 성상 동안 냉면으로 실향민들의 설움을 달랬으리라. 2018년 답사 때 무더운 여름이어서 군침이 돌았던 기억이 떠올라 일부러 점심시간에 맞춰 방문했다. 하지만 문은 굳게 닫힌 채 '점포 이전' 안내문만 어두운 표정으로 나를 맞는다. 해운대 센텀시티로 가게를 옮긴다는 내용이다. 아무래도 번화가에 손님이 많으니 당연하다는 생각이 들면서도 아쉬움이 드는 건 어쩔 수 없다. 북한 고향 맛을 간직한 당감동 내 냉면집들이 점차 사라지는 게 아닌가 하는 생각이 들어서다.

부산 당감동에서 이북의 맛을
간직했던 본정냉면 문에
점포 이전 안내문이 붙어 있다.

　　　　Ⅰ. 눈을 의심케 하는 도심 속 황토 벌판

본정냉면 길 건너에 있는 멋진 건물이 남도교회다. 여기에도 실향민의 체취가 진하다. 그 출발이 당감동 피란민 수용소 천막교회이므로, 이 일대에 당감시장이 형성돼 있다. 인접해 당감새시장, 당감골목시장이 새로 개장했다. 주요 거주지 변화에 따라 새 시장이 생기고 있다. 일제 강점기와 피란민 유입, 산업 시대, 고층 아파트 입주를 거치면서 수요에 따라 변하는 시장 판도는 활동사진을 연상하게 한다.

직진해 새마을금고 앞에서 오른쪽으로 들어가면 매실보육원 입구다. 1952년 최매실 여사가 건립한 아동 복지 시설이다. 북새통 같은 한국 전쟁 피란길에서 엄마 치맛자락을 붙잡았던 아이들은 연기처럼 사라지기 일쑤였다. 그렇게 부모 잃은 아이들은 자기들끼리 몰려다니면서 부산으로 흘러들어 왔고 동냥으로 허기를 채웠을 것이다. 최 여사는 사재를 털어 그런 아이들을 먹이고, 재웠다.

아케이드 왼쪽으로 빠져나와서 만났던 'H 냉면'이 안 보인다.[4] 이름부터 이북 고향의 맛과 냄새가 물씬 났던 곳이다. 냉면 형태도 독특한 곳이었다. 인근 주민에게 물어보니 문을 닫았단다.

---

4   검색 엔진 네이버 검색 결과 2021년 3월까지 그 자리에 있었던 것으로 나온다. 당감동 내에 이전했는지 폐업했는지 확인하지 못해 상호는 밝히지 않는다.

부산 당감동에서 만나는 '아바이마을'

　이 길로 곧장 가다 오른쪽 골목으로 들어간다. '이태리식당 당감' 간판이 보인다. 역시 북한의 맛을 선보이는 사리원밀면 간판을 올려다본다. 입구에 '50년 전통의 3대째 맥을 이은 밀·냉면 전문점'이란 문구가 걸려 있다. 1·4 후퇴 때 황해도 사리원에서 부산으로 온 피란민의 후손이 대를 이은 냉면집이다.

　당감사거리에서 당감초등학교로 향한다. 학교 후문에 있는 성지문화원 벽에 눈길이 간다. 할머니들이 삐뚤빼뚤 글씨로 써놓은 시들이 정겹다. 정문에 '성인문해학교·학력인정기관'이라고 적혀 있다. 어려운 사정으로 젊을 때 교육받지 못한 어르신들을 위한 교육 기관인가 보다. 그 골목을 되돌아 나오면서 시 한 편을 읊는다. "옥상에 약 안 치고/고추 심었다/무공애 상치도/맘노코 뜨뎌 먹고/이리 가물어도 고추 열근 따서 말라낫다/공부는 몬해도 농사는 도사다."

　당감초교 후문에서 나와 당감로 건너 맞은편 길로 들어선다. 대로변 상가 건축이나 아파트 재개발이 아직 이뤄지지 않은 자연 마을을 확인하기 위해서다. 역시 예상대로 공동 화장실을 쓰는 주택과 돌담으로 둘러싸인 집이 보인다. 색바랜 간판의 이발소와 기와가 내려앉은 가옥도 눈에 띈다. 재개발이 예정된 지역이다. 기억을 담으려 부지런히 카메라 셔터를 누른다.

자연 마을 속으로 들어갔다 길이 막혀 있어서 되돌아 나왔다. 당감사거리로 되돌아가 부산은행 방향으로 길을 건넌다. 은행 맞은편 길로 횡단하니 그곳 역시 자연 마을이다. 아래쪽 마을과 비슷한 모습이다. 이곳 역시 곧 재개발 바람이 불 모양이다. 그 길 끝에서 당감서로를 따라 산 쪽으로 올라간다. 도착한 곳은 부암 삼성래미안아파트. 과거 부산의 신발산업을 이끌었던 동양고무가 있던 자리다. 이 아파트의 원래 이름은 화승삼성아파트다. 아파트 상가나 돌표지판 곳곳에서 '화승'이란 단어가 발견된다. 동양고무가 화승산업으로 바뀐 후 1997년 공장용지에 아파트가 세워졌기 때문이다.

신발공장은 '아바이마을'과 함께 당감동을 가리키는 키워드다. 1960년을 전후해 이 일대에 동양고무, 태화고무, 진양화학이 들어서면서 인구가 급속히 팽창했다. 그에 따라 피란민들이 살던 판자촌과 움집은 가게나 여공의 숙소로 바뀌기 시작했다. 남도교회 앞은 복개돼 시장이 형성됐다. 부암삼성래미안아파트 앞 시민냉면도 그 시절을 되돌아보게 하는 식당이다. 이 집은 신발공장이 한창 잘 돌아갈 때인 1980년대에 이곳으로 들어왔다.

노동자들이 그곳에서 이북 고유의 냉면 맛으로 무더위에 지쳐 잃어버린 입맛을 되찾았을 광경을 떠올려 본다. 이 집 주인은 이북 출신이 운영하는 식당에 취직해 냉면 제조 기술을 고스란히 물려받았다고 한다. 이렇게 번창하던 신발 공장은 1990년대부터 서서히 내리막길을 걷는다. 결국 하나하나 사라지면서 그 자리에는 아파트나 상가들이 들어서고 만다.

'정중앙입니다 55m'는 아파트 공사 현장

아파트 중간을 관통하는 당감로를 따라 오른다. 그 끝에서 만나는 백양순환로에서 왼쪽으로 길을 잡는다. 5년 전에는 이곳 늘푸른교회 쪽에 '부산의 정중앙입니다 55m'라는 내용과 방향을 담은 표지판이 높이 걸려 있었다. 그걸 길잡이 삼아 오른쪽으로 돌자 제법 수량이 많은 물줄기가 지하의 세계로 빨려 들어가고 있었다. 당감천 물이 복개도로 밑으로 들어가는 장면이다. 이 물길은 당감 삼익아파트 옆으로 해서 가야역을 거쳐 진양삼거리를 지나 부암 전철역 앞에서 가야천과 합류한다. 길고 긴 어둠의 물길은 동천에서 비로소 그 모습을 드러낸다.

조금 더 올라가면 부산의 정중앙을 알리는 바위가 있었다. 바위에 '부산 부산진구 백양순환로95번길 47-10번지 북위 35도 10분 4초, 동경 129도 2분 17초'라는 내용이 표기됐다. 1995년 기장군이 부산에 편입되면서 지리상 부산의 정중앙이 된 지점이다. 상세하게 적혀 있는 '띠별 발복 기원

위 | '부산의 정중앙입니다 55M'라는 표지판 뒤는 아파트 공사판이다.
아래 | 2018년 첫 답사 때 촬영한 부산 정중앙 표지석 모습.

법'을 보며 미소를 지은 적이 기억난다.

이제는 이 모든 장면이 기억 속에만 남아 있게 됐다. 이 바위 역시 재개발에 밀려 뽑혀 버린 것이다. 초강력 태풍이라도 이런 위력을 발휘할 수 있을까. 두려움이 앞선다. 지금도 '부산의 정중앙입니다 55m'라는 표지판은 있지만, 바로 뒤쪽에 중장비가 오가는 아파트 공사 현장이 버티고 있다. 당감동 도로 곳곳에서도 '부산 정중앙'을 알리는 안내판을 수시로 만난다. 그것만 보고 정중앙 바위를 찾아올 사람의 낭패감이 절로 전해 온다. 아파트 완공 후 제대로 복원이나 하길 바라는 수밖에 없게 됐다. 그러나 아파트 완공 후에도 현재 기건물에 보존된 정중앙 표지석을 기존의 자리에 다시 놓기 어렵다는 우려가 나오고 있다.[5]

백양순환로를 따라가면 당감백산맨션을 만난다. 그 지점에서 당감서로로 접어들면 개성고등학교 후문이다. 이 학교의 전신은 서면 롯데백화점 자리에 있던 부산상업고등학교다. 빨간 벽돌의 현대식 건물을 신축해 1989년 이곳으로 이전했다. 그 자리는 당감화장장이 있던 곳이다. 갔던 길을 되돌아 나온다. 당감서로를 따라 걷다가 성강교회 지점에서 오른쪽 언덕길을 오르면 동평초등학교 후문이다.

동평초교 운동장에 들어서면 사방이 눈에 들어온다.

5   헬로TV뉴스 2022년 9월 29일 보도 내용

이곳이 주위 백양산이나 금용산과는 별도인 독립 구릉인 것을 알 수 있다. 아니나 다를까 고려 시대에 그곳을 중심으로 한 동평현성이 있었다. 왜구 침입을 막기 위해 축조한 성이다. 도로 공사를 앞두고 1992년 부산시립박물관이 성터 발굴에 들어갔다. 부산에서 정식으로 성곽을 발굴한 첫 사례였다. 두 차례에 걸친 발굴조사 결과 남북으로 긴 타원형이란 성 형태와 축조 횟수, 보수 흔적 등이 드러났다. 이후 추가 발굴에서는 석축 시설과 기와도 나왔다.

하지만 그곳이 과거의 성터였음을 알 길이 없다. 여러 주민에게 물어보았지만, 그곳이 성터였다는 사실을 아는 이를 만나지 못했다. 동평이란 지명도 사라져 버렸다. 당감동과 부암동에 흡수되면서 도로와 학교, 가게 이름으로만 남아 있다. 부산에서 가장 오래된 성안城安마을 역사가 증발하는 기분이다. 부산의 고려 역사가 사라지고 있는 것이다. 이번 여정에서 그 현장을 목격한다. 동평현성 복원과 성내 동헌 터 발굴이 목마름으로 다가온다.

길라잡이 포인트

당감1치안센터 버스 정류장-당감초등학교-부암삼성래미안아파트-부산 정중앙-동평초등학교

4
아파트 건설에 밀려난 '피란민의 성지'

서구 아미동 순례

인간이 도달할 수 있는 위대함은 오로지 비범한 고통을 통해서만 가능하다. 영웅이 인간의 근원적인 한계라고 할 수 있는 죽음을 통해서 나타나는 이유다. 실존 정신도 맥락을 같이 한다. 인간은 언젠가는 죽을 수밖에 없다는 미래의 사실을 자기 곁으로 당겨 오는 존재다. 거역할 수 없는 이치를 미리 자신의 현재 삶에 개입시켜 무엇인가를 해 나가는 태도라는 뜻이다.

이는 고통과 슬픔 없이 행복과 즐거움만을 추구하는 정신이 허영과 경박에 빠질 수밖에 없다는 깨달음으로 통한다. 물질적 풍요가 넘치는 요즘, 이러한 각성은 삶이 얼마나 불안정하며 불행이 얼마나 행복 가까이에 있는지를 기억해야 한다는 시각으로 열린다. 우리가 영화관이나 소극장에 홀로 앉아 슬픈 영화와 연극을 보며 남몰래 눈물을 흘리는 까닭이다.

　　하지만 어느 노래 가사처럼 영화나 연극이 끝나고 모두 떠나 버린 객석에는 정적만이 남아 있고, 어둠만이 흐른다. 상영과 공연 중에 마음을 채웠던 고통의 체험도 휘발하듯 공중으로 흩어진다. 이렇듯 금방 일상으로 돌아오리라는 예감을 하면서도 가상의 시공으로 들어가는 수고를 어찌하면 줄일 수 있을까.

　　이런 의문을 품고 부산 서구 아미동을 찾았다. 아픔과 치유가 번갈아 이뤄지고, 생과 사가 공존하는 땅. 그 역사의 흔적과 현장의 모습이 우리에게 어떠한 위안을 안겨 주고, 혜안을 갖게 하리라는 설렘을 안고. 하나, 오 년 만에 찾은 곳에서 들려오는 아파트 공사 소음은 그런 기대를 무참히 깨트려 버린다. 고색창연했던 교회 건물은 어디로 가고 거기에 철근콘크리트 성전이 세워지고 있었으니.

아픔과 치유, 삶과 죽음의 공존

　　도시철도 1호선 토성역 4번 출구에서 시작한다. 이번 여정은 다시 토성역으로 돌아오는 원점 회귀다. 토성土城의 연유를 알리는 설명문을 읽는다. 지금의 토성역을 둘러싼 3,000~4,000평 규모의 토성이 과거에 있었다는 내용이다. 성을 축조한 이유는 왜구를 막기 위해서였다. 축조 시기에 대한 설은 삼국 시대와 조선 시대 두 갈래로 나뉜다. 시대 간격이 엄청나다. 그만큼 유적 훼손이 심해 발굴 조사가 어려웠다는 뜻이다.

부산의대 개교 50주년 기념비를 지나 외래센터 입구로 들어간다. 로비에 부산대병원의 어제와 오늘이 상세하게 기록돼 있다. 한국 근대 병원의 역사와 궤를 같이하는 부산대병원의 역사를 일목요연하게 살펴볼 기회다. 옛날 진료 기구들도 전시돼 있어 흥미를 자아낸다. 해방과 한국 전쟁 속에서 얼마나 많은 사람이 이 병원의 문턱을 닳도록 드나들었을까. 권정생의 소설 『몽실언니』의 한 구절이 불현듯 떠오른다. 기억은 이렇게 남아 있다. '전쟁에서 상처를 입어 후유증에 시달리는 몽실이 아버지. 그는 치료를 위해 부산의 한 병원을 찾았으나, 의사를 만나지 못한다. 끝도 없이 늘어선 환자 행렬에 그의 순서가 도무지 돌아오지 않는다. 그 속에서 연줄과 권력을 동원한 파렴치한 끼어들기는 이어지고….'

부산대병원을 나와 까치고개로를 2분 정도 오르면 횡단보도에 이른다.[6] 그 너머 아미파출소와 아동종합보호센

---

6   부산대학교 병원 옆 까치고개로에서 새마을버스를 타고 올라가 대성사에서 내리는 방법이 있다. 감천문화마을정류장에 내려 주위를 둘러본 후 아미비석마을로 내려오는 코스를 선택할 수도 있다.

터가 보인다. 이 근처는 일제 강점기 때 사자를 마지막으로 제사 지내는 장제장이 있던 곳이다. 또한 이 지점은 천마산과 아미산 사이에 형성된 계곡 입구라고 할 수 있다. 일제 강점기에 아미동이 곡정谷町으로 불린 까닭을 알 것 같다. 약 200m 위쪽에 일제 강점기부터 화장장이 있었다. 1928년 설치돼 1957년 당감동으로 이전될 때까지 부산시립화장장 역할을 했다. 현재는 연립 주택이 들어서 있다.

언덕길을 오르다 눈길이 휘둥그레진다. 오 년 전 답사 때 올려다보이던 고색창연한 은천교회는 어디로 가고 아파트 공사가 한창이다. 부산 서구 아미동 은천교회는 한국 전쟁 당시 '피란민의 성지'로 일컬어지던 곳. 은천교회는 애초 천막으로 시작했고, 1955년에 석조 건축물을 건립했다. 이 교회는 한국 전쟁 당시 아미동에 정착한 피란민의 젖줄이자 정신적 지주였다. 피란민에게 강냉이죽과 분유를 전하는 보급소 역할을 했고, 전쟁 시기 아이들에게 미래의 희망을 안기는 학교로도 활용됐다. 교회 건물은 부산에서 유일하게 원형이 보존된 1950년대 석조 건축물로 등록 문화재 수준의 가치를 지닌 것으로 평가받았다. 사각의 화강암으로 벽체를 차곡차곡 쌓아 올렸으며 입구는 아치형으로 멋스럽게 축조한 고색창연한 건물이었다.

이 유서 깊은 건물이 67년 역사의 막을 내리고 말았다. 새로 아파트를 지으면서 진입로 확장을 위해 2021년에 은천교회를 철거한 것이다. 철거 전 근대 문화유산이 사라지는 걸 애석해하는 여론이 일어났다. 피란 수도 부산의 역사가 담긴 석조 교회 건축물을 보존해야 한다는 요구였다. 그런 의견은 무시되고 말았다. 그만큼 아파트 광풍은 거세고 무자비했다.

콘크리트로 새로 교회를 짓는 현장에 있던 교회 관계자는 지금도 그 애석함이 가라앉지 않은 듯했다. "은천교회는 한국 전쟁 피란 시기 부산에 설립된 수많은 교회 중 그 당시 건축물 상태를 유지하고 있는 거의 유일한 건축물일 것"이라고 하는 그의 목소리가 공사 소음을 뚫고 나왔다. 유서 깊은 건물 철거를 추진한 이들을 향한 비판도 서슴지 않았다.

이 교회에서 직선거리로 100m 인근에 부산 도시 재생의 상징으로 자리 잡은 '아미동 비석문화마을'이 있다.

새 출발 지렛대가 된 공동묘지

은천교회 공사 현장 앞으로 난 좁은 길을 걸으면 옥천로가 나온다. 그전에 '엿방 골목'이란 표지판이 눈길을 끈다. 옛날 그 근방에서 엿이 많이 만들어졌다는 내용이다. 엿목판을 매고 엿가위를 치며 다니던 행상이 떠오른다. 조금 더 올라가면 대성사를 만난다. 김한순 스님이 1963년 창건한 사찰이다. 대성사에 오르면 이색적인 비석이 눈길을 잡

위 | 철거되기 전 은천교회 모습. 사각의 화강암을 차곡차곡 쌓아 올리고, 아치형으로 멋스럽게 축조한 고색창연한 건물이었다.

아래 | 철근 콘크리트로 짓고 있는 교회 건물 뒤로 아파트 단지 공사 현장이 보인다.

는다. 100년 된 일본 비석인데 둥그런 모양새다. 김한순 스님이 불교와 관련된 것으로 생각하고 이곳으로 옮겨와 세웠다고 한다.

대성사에서 내려와 감천문화마을 못미처 아미성당과 만난다. 정문에 걸린 프란치스코 교황과 테레사 수녀의 대형 사진이 미소로 방문객을 반긴다. 성당으로 들어서면 '천국카페'라 이름 붙인 조그만 건물이 흥미를 끈다. 누구라도 시원한 음료수 한잔하며 쉬고 가도록 한 성당 측의 배려가 녹아 있는 곳이다. 카페 뒤편에 있는 '천국도서관'은 감탄사를 낳는다. 빨간색으로 칠한 2층 규모 도서관은 "예쁘다"라는 말이 절로 나오게 한다. 그곳에서 보는 전경 또한 일품이다. 아미성당이 원래 이런 모습은 아니었다. 2015년 서정웅 신부가 주임으로 부임한 이후의 변화다.

오 년 전 답사 때 아미성당 정문 옆에 있었던 '오광봉 북카페'가 보이지 않는다. 오광봉 할아버지는 책에 관심이 있는 사람이라면 누구나 알만한 인물이다. 신문 배달을 하며 책 수천 권을 소장해 화제가 된 사람이다. 신문 기사를 통해 그의 근황을 짐작해 본다.

그는 4개월 전 몸이 좋지 않아 40여 년 이어오던 신문 배달을 그만뒀다. 그래도 꾸준히 일을 해야겠다는 생각에 낮에는 1~2시간 정도 신문 판촉을 하고 있다. 그는 (중략) "북카페는 전세 기간이 끝나 문을 닫게 됐다. 코로나19 이후로 독서 모임도 중단돼 지금은 조용히 집에서 책을 읽고 생각을 정리한다"고 말했다.[7]

오던 길로 되돌아간다. 삼거리에서 대성사 방향이 아닌 아미로로 길을 잡는다. 비석문화마을로 가기 위해서다. '일본인에게는 삶에서 죽음으로 넘어가는 경계였고, 이주민에게는 농촌에서 도시로 들어가는 경계였으며, 피란민에게는 타향과 고향의 경계였다'는 표현이 있다. 아미동의 특성을 집약한 말이다. 일제 강점기에는 화장장과 공동묘지가 있었고, 도시에 들어온 가난한 농민이 처음으로 자리를 잡은 곳이며, 한국 전쟁의 난리를 피해 고향을 떠난 이들의 보금자리였다는 의미다.

일본이 패망한 후 일인들이 떠난 자리에 가난하고 지칠 대로 지친 피란민과 농민들이 들어온 곳이 아미동이다. 손에 쥔 건 아무것도 없고, 오로지 처자식을 먹여 살려야겠다는 일념은 일본인 공동묘지를 기피 대상이 아니라 삶을 위한 지렛대로 삼게 했다. 다듬어진 돌로 만들어진 일본식 무덤의 묘석은 그들에게 안성맞춤의 건축 자재로 여겨졌다. 집을 한 번이라도 지어 본 사람이라면 석재의 효용성을 실

7   부산일보 2022년 11월 6일 자

감할 터. 이처럼 죽음의 장소를 끝이 아니라 새 출발점으로 삼은 아미동 사람의 마음이 진정한 실존성이 아닐까. 관념이 구체화하는 순간이니깐.

우는 사람, 침묵 그리고 미소의 길

일본인 공동묘지 위에 마을을 지은 비석문화마을의 전형은 '묘지 위 집'이다. 기초공사 대신 일본인 무덤 석대를 집 밑받침으로 삼은 발상이 놀랍다. 이처럼 일인 무덤의 석재들은 마을의 디딤돌, 옹벽, 계단, 외부 받침대로 사용됐다. 마을 안에서 '묘지 위 집' 외에 '가스통 밑 비석', '안심 쉼터 비석', '축대 비석', '놀이터 계단 비석', '수돗가 비석' 등을 확인할 수 있다. 이밖에 동네 안을 돌아다니며 다른 흔적을 찾아보는 재미도 있다. 골목이 워낙 좁아 힘들기는 하지만, 화살표를 따라가면 길을 잃을 염려는 없다. 마을 위 구름전망대에서 멀리 남쪽 바다를 바라다본다. 그 너머 일본 열도가 보이는 듯하다. 일본인들이 이곳에 무덤을 조성한 이유를 짐작할 만하다. 마을 베란다도 이색적이다. 집들이 워낙 좁다 보니 만들어진 공동 시설이다. 세탁기와 샤워실이 갖춰져 있다.

다시 아미로로 내려온다. 이정표를 따라 아미문화학습관으로 향한다. 학습관 건물 안에 조성한 최민식갤러리를 둘러본다. '고통에 처한 사람, 기도하는 사람, 우는 사람, 침묵 그리고 미소…. 이 모든 것을 사진에 담아 왔다.' 그의 저서『휴먼 선집』에 나온 이 글을 가슴에 담고서 작품 하나하나를 마음에 넣는다. 돌아 나오는 길에서 기찻집 예술체험장을 만난다. 이 산만디[8]에 기찻길이란 이름이 신기해서다. 집 모양이 기차 같아서 그런 명칭이 붙었단다. 넓은 평지가 없는 산마을이어서 그런 집 모양이 생겨났으리라.

아미로로 내려오는 도중에 돌로 외벽을 한 집을 만나게 된다. '아미동 김 박사 돌집'으로 불린다. 서구에서 문화시설로 활용하기 위해 이 집을 매입했다고 한다. 아미초등학교를 지나 티베트 불교 사원인 광성사를 만난다. 우리나라에 설립된 유일한 티베트 사찰이다. 티베트 스님 초청 법회, 티베트 불교 문화 캠프, 티베트어 강좌 등이 열리는 곳이다. 이 절을 만나니 언젠가 보았던 조장鳥葬의 영상이 선명하게 떠오른다. 새를 통해 주검을 하늘로 옮기는 의식이다. 한참을 내려왔나 보다. 내 몸이 거쳐온 비석마을이 하늘에 있는 것처럼 높은 곳에 자리하고 있다.

광성사 아래에 국수골목 안내판이 있다. 한국 전쟁 이후 피란민들이 정착하면서 국숫집이 여러 곳 생겨났다. 하루의 고단함을 한 그릇의 국수로 달래던 향수가 남아 있는

8   '산마루'의 경남 방언

공간이다. 지금은 60년 전통의 옛날 국숫집 한 곳이 그 명맥을 이어가고 있다. 국수골목을 지나면 처음 올라오던 까치고개로와 만난다. 그 길로 쭉 내려가면 부산대학병원이다. 도시철도 1호선 토성역 8번 출구에 서서 뒤를 돌아다본다. 인생은 B와 D 사이의 C라는 장 폴 사르트르의 말을 되뇌면서(B=birth, D=death, C=choice).

⬤ **길라잡이 포인트**

| 도시철도 1호선 토성역-은천교회-아미성당-비석문화마을-광성사

Ⅰ. 눈을 의심케 하는 도심 속 황토 벌판

5
'마천루', '신기루' 구별을
어렵게 하는 골목

용호동 전통마을~오륙도 SK뷰아파트

드라마 '응답하라 1988'의 마지막 장면. 황량한 집들만 남은 쌍팔년도의 서울 쌍문동. 왁자지껄하게 골목을 가득 채우던 다섯 가족은 사라지고, 휑하니 부는 바람에 주인 없는 집을 지키는 대문만 덜거덕거린다. 사람 떠난 집들 사이로 이리 저리 돌아다니는 먼지바람은 보는 이의 마음마저 갈팡질팡 하게 만든다.

그 기억이 부산 남구 용호2동 서북부에 자리한 마을에 서 확 피어났다. 재개발을 앞두고 사람 목소리가 없어진 동 네에서 흐르는 고요한 공포 앞에서다. 단정하게 명찰을 단 듯 출입 금지 팻말이 걸린 공가空家들 사이사이에서 불쑥불 쑥 드러나는 폐가들이 깨진 창문과 부서진 문을 들이대며 방 문자의 가슴을 서늘하게 한다.

이번 여정은 부산 남구 용호동의 현재 모습을 눈에 담

아 두려는 발걸음이다. 거기서 만난 여러 대상에 대한 인상이 이처럼 텅 빈 마을에 융해된다. 정든 곳을 떠나 그곳에 겨우 자리잡은 그들이다. 다시 몇십 년 만에 그 터전에서 떠나야 할 이주민 심정을 헤아려 본다. 뒤엉키는 여러 생각이 발걸음을 더디게 한다.

네 곳의 전통 마을을 가진 용호동

출발점은 용문중학교 버스 정류장. '투썸플레이스 용호메트로시티점' 옆 골목길로 들어선다. 5년 전과는 완연히 다른 분위기다. 언제 생겼는지 모를 드넓은 주차장이 갈 길을 방해한다. 이리저리 헤매다가 겨우 들머리를 찾아든다. 개인 주택들 사이로 들어가니 실개천을 덮은 길들이 오밀조밀하다. 꼬불꼬불한 그곳을 빠져나오니 직선 길이 가로지른다. 용호로만큼 넓지는 않으나, 한때 주 통로 역할을 충분히 하고도 남음 직한 찻길이다. 동국제강이 가동되던 시절, 출퇴근 때 노동자들로 붐볐을 당시를 회상해 본다. 그 길에서 만난 용호1동 골목시장도 그때는 전성기를 구가했으리라. 아파트촌이 지척이나 대규모 소매점 득세에 고전하는 전통 재래시장 신세가 여기라고 예외는 아닌 모양이다.

시장 안으로 들어가 첫 답사 때 만났던 청년 가게들의 생존을 확인해 본다. 그 당시 깔끔한 컨테이너 가게들이 늘어서 있었다. 시장 활성화와 청년 일자리 확보 차원에서 마련된 음식점들이었다. 연탄불고기, 튀김만두, 떡볶이가 입안에 침을 돌게 했다. 하지만 찾을 길이 없다. 어쩌면 시장내 다른 곳으로 옮겼을지도 모를 일이다. 그들의 무사 안녕을 바라며 시장을 벗어나니 부산의 3대 단팥죽 중 하나라는 '할매 팥빙수 단팥죽' 앞이다. 용호동은 옛날 분개로도 불렸다. 소금을 굽는 동이가 여기저기 있었던 옛날 지역 특성이 녹아 있는 지명이다. 동이盆가 있는 갯가浦라는 뜻이라고한다. 분포중·고등학교의 교명도 여기서 유래한다. 조선 시대에 스물네 군데 있었던 염전은 일제 강점기에 여섯 군데로 정리됐다. 해방 후에도 염전 허가를 받아 이 일대에서 계속 소금이 생산됐다. 동국제강이 처음 시작한 터도 염전을 매입한 땅이다.

이 지역에는 네 곳의 전통 마을이 있다. 1패牌, 2패牌, 3패牌, 4패牌 마을이다. 주민이 정착한 순서와 관계되는 작명으로 추정된다. 지금까지 걸어온 길이 3, 4패牌 마을의 안이거나 부근이다. 과거 염전에 종사하던 이들이 많이 살았던 곳이다. 산업화 시대에는 동국제강에 근무하던 이들의 주거지이기도 했다.

이기대 방향으로 용호로 횡단보도를 건넌다. 용호로는 소랑강(용호천) 흐름을 따라 건설된 도로다. 옛 지도를 보노라면 밧줄을 던져 놓은 듯한 모양새로 용호동을 적시며 바다로 들어가는 하천이 확인된다. 용호종합사회복지관 길 건너편 소로로 접어든다. 해풍을 막아주는 뒷산이 포근한 느낌을 안긴다. 우묵배미로 향하듯 도로를 따라 오른다. 그처럼 장산봉 아래에 형성된 동네가 2패 마을이다. 농사를 많이 지었던 곳으로 일사량에 따라 양달, 응달 마을로 나뉘어 불렸다는 얘기가 전해져 온다.

용호3동 주민센터로 내려와 다시 용호로를 건넌다. 연립 주택과 개인 가옥들을 구경하며 용호1동 행정복지센터 앞에 이른다. 동명로에서 동명대학교 방향 반대쪽에 솔밭놀이공원이 보인다. 공원 언저리에 있는 '등 너머 쉼터'를 지나 1패 마을 안으로 들어간다. 이 마을은 역사가 가장 오래된 곳으로 추정된다. 첫 답사 때 10대째 사는 주민도 있다는 얘기를 들었을 정도이니 그 세월을 짐작할 만하다. 전통 마을 가운데 가장 위쪽에 있는 이 마을에 살던 사람들은 주로 농사를 지었다고 한다.

마을 안으로 들어서니 옛 정취를 고스란히 간직한 집들이 향수를 불러일으킨다. 구멍가게가 아직도 남아 있고, 채마밭을 뒤뜰로 삼은 집도 눈에 띈다. 박공지붕 집을 멀리 보이는 아파트와 비교한다. 마을을 쏘다녔던 어린 시절로 되돌아간 기분이다.

반려견과 산책하는 주민과 우연히 동행했다. 그는 이 일대 마을 전체가 곧 재개발에 들어갈 예정이라고 말했다.

다시 혼자 골목길을 거닐다 보니 재개발 반대 포스터가 눈에 뜨인다. 답사하는 나를 향해 민감한 반응을 보이는 주민도 있다. 어떤 분노와 갈등의 기운이 느껴지는 순간이다. 낮은 담장의 집들이 고층아파트로 변하는 날이 얼마 남지 않았다는 직감이 더 뚜렷하게 다가온다. 현시대에 누가 자본의 욕망을 이겨낼 수 있을까. 개인 주택들의 지붕이 하늘로 솟아오르는 환각에 빠지는 듯하다.

'아이뜰어린이집' 앞으로 지나니 용호성당이 얼핏 눈에 들어온다. 하늘을 향해 솟은 성당 첨탑이 도화지처럼 뒤에 버티어 선 빌딩 벽에 그려져 있는 듯하다. 신을 넘어선 인간의 힘이라는 생각이 든다. 다시 만나는 용호로 건너편이 용호골목시장 입구다. 한때 쇠락기에 접어들었으나, 다시 기운을 차리는 형세다. 주위에 대형 소매점이 적고, 인근에 아파트들이 많이 들어서면서 생긴 현상이다. 길게 퍼져 있는 아케이드 안으로 손님이 제법 북적인다. 남쪽으로 길을 잡아 시장에서 빠져나와 새마을금고 쪽으로 내려간다.

이주… 내몰림… 반세기 여정 스민 삶의 기억

거기서 100m 정도 올라가 닿은 사거리에서 왼쪽 길을 잡는다. 용호골목시장을 나오면서 보았던 아파트촌이 눈앞으로 다가온다. 오 년 전 답사 때는 경찰이 붙인 공·폐가 표시와 건설업체의 공사 차단막이 가득했던 곳이다. 마을 안쪽 길들도 모두 사라져 버렸다. 굳이 골목길을 찾는 수고를 할 필요 없이 큰길을 따라 걷는다. 곳곳에 '입주 환영' 플래카드가 걸려 있다. 1패 마을의 환각이 현실이 된 장면이라고 할 수 있겠다.

그렇게 옛 마을 풍경을 머리에 그리며 걷고 있는데 어느 순간 발걸음을 딱 멈출 수밖에 없는 순간이 왔다. 오 년 전 답사 때 충격을 준 마을이 아직도 오롯이 남아 있었기 때문이다. '용마루 지역주택조합추진위원회'와 '용호마을 지역주택조합추진위원회'라는 간판을 머리에 인 사무실이 안내판처럼 보인다. 험준한 고지대에 위치해 오랫동안 그 모습을 보여 주지 않던 고대 도시 마추픽추를 만난 기분이랄까. 하늘 모르고 높이 오른 아파트 숲에 가려진 낡은 옛 마을은 남에게 자기 운명을 맡긴 사람처럼 나를 맞았다.

주택 철거를 앞두고 대부분 주민이 어디론가 떠나간 상태다. 사람은 떠나고 적막감만 오롯하다. 이 동네는 1~4패 마을처럼 예로부터 존재했던 곳이 아니다. 1970년대 부산 서구 충무동 일대에서 집단 이주한 이들의 삶터였다. 그들은 50년이 채 되지 않아 다시 정든 곳을 떠나는 신세가 되고 말았다. 일부는 새로 지은 아파트로 되돌아오겠지만, 과연 그 비율이 얼마나 될까.

인적이 사라진 마을 안으로 들어선다. 순간 숨이 턱 막

Ⅰ. 눈을 의심케 하는 도심 속 황토 벌판

1970년대 초 정책이주사업으로 지은 주택들 사이로 난 길.
사람 하나 겨우 지나갈 골목이 자그마치 200m를 넘을 정도로 이어진다.

힌다. 사람 하나 겨우 지나갈 골목이 자그마치 200m를 넘을 정도로 이어진다. 중간에 빠져나갈 길을 전혀 찾을 수 없다. 한 번 들어서면 되돌아 나오지 않는 한 끝까지 가야 한다. 집단 이주촌은 그런 식으로 여러 블록으로 이뤄져 있다. 골목길에 들어설 때 느꼈던 답답함이 분노로 바뀐다. 주거 환경을 전혀 고려하지 않은 행정은 횡포나 다름없기 때문이다.

마을 입구에서 사람들을 만났다. 누구는 재개발이 언제 시작될지 모른다고 하고, 어느 이는 올해 중 들어갈 것이라고 한다. 종잡을 수가 없다. 자연스레 화제가 재개발이 끝난 옆 동네 새 아파트로 옮겨졌다. 용호골목시장을 나와 지나쳐 온 바로 그 아파트촌을 말한다. 원주민은 보상금 조금 받고 떠나 재미를 보지 못했고, 마지막에 입주한 사람들은 아파트값 폭락으로 이른바 '상투'를 잡는 바람에 멍만 들었다는 이야기다. 그렇다면 저 높은 건물이 낳은 막대한 이익은 과연 어디로 흘러간 것일까. 개인 주택과 아파트 간의 높이 차이가 한국 사회의 양극화라는 모순을 극명하게 드러내는 상징성으로 다가오는 듯하다.

얼마 안 있으면 사라질 마을을 렌즈에 넣고 담으려니 갑자기 그 골목들이 벌떡 일어서는 것 같은 환각에 사로잡힌다. 그러고는 수십 배로 자기 복제를 해 댄다. 중간 출구가 전혀 없는 이주촌을 수직으로 세운 공중누각이다. 옆으로 나갈 구멍이 꽉 막힌 채 좁은 통로로 오르내리는 계단식

아파트와 쌍둥이 꼴이다. 한참이나 그런 상태에 머문다. 한 편의 시가 떠오른다.

하늘 골목길

서로 손잡지 못하게 한
골목들이 일어선다
따개비로 살고픈
방랑자들을 털어내며

하늘 땅 삼아 남는 땅
수직 복제들로 채운다
항문으로 드나드는
승강인들을 삼키며

있지 않은 것으로 있었고
있는 것으로 있지 않았던
수평 골목길과 입과 밑은
강장 동물로 변했다

용호로로 나와서 엄청난 크기의 가구 쇼핑몰을 옆에 끼고 이기대공원도로로 접어든다. 가구 공장들이 많았던 그

일대의 옛 특성이 영향을 미쳐 생긴 쇼핑센터라는 추측을
해 본다. 벽산아파트 표시석에서 200m 정도 지나 아랫길로
길을 잡는다. 눈 밑에 집 한 채가 외로이 서 있다. 지금은 사
라진 용호농장의 마지막 흔적이다. 농장 입구에서 다리쉼을
하던 장소로 보인다.

조금 더 내려가면 오륙도를 이룬 섬 식구들이 눈 앞에
펼쳐진다. 오륙도스카이워크에 올라 수평선을 응시한다. 용
호농장 시절, 애환의 세월을 보냈을 한센 환자들이 위로를
받았을 바다다.

길라잡이 포인트

용문중학교 버스 정류장-용호1동 골목시장-용호3동 행정복지센터-
용호골목시장-오륙도 SK뷰아파트

Ⅰ. 눈을 의심케 하는 도심 속 황토 벌판

이기대 공원로에서 바라본 용호마을.

위 | 2018년에는 전면 재개발 전이어서
저멀리 엘지메트로시티아파트가 보인다.

아래 | 2023년에는 지역 절반 정도가 재개발을 마친 상태다.

6
찢기고 잘려 나간 삶의 흔적들

지겟골~못골 옛길

문현동~대연동 구간 옛길은 1960년대 이전에 남구 지겟골, 못골, 용호 마을 주민들이 오가던 길이다. 지게와 똬리 위에 무거운 짐을 지고, 이고 부산진시장까지 걸어가던 이들이 보이는 듯하다. 세월이 흘러 마이크로버스가 다닐 때도 중심 차도가 됐던 길이다. 이 길은 이후 찢어지고, 관통되고, 잘려 나갔다. 논밭 위로 거침없이 달려 나간 신작로(수영로) 때문이었다. 해운대와 수영 지역 개발을 위한다는 이유였다.

옛길의 저력은 그리 호락호락하지 않았다. 가없는 시간과 수많은 사람의 발길로 다져진 통로가 아니던가. 이후에도 원줄기라는 소임은 넘겨주었지만, 용도를 달리해 생명을 이어 갔다. 하지만 민초의 강한 생명력을 떠올리게 하는 이 옛길도 인간의 욕망 앞에선 무릎을 꿇고 마는 모습이다. 상상을 초월하는 대규모 아파트가 벌어지면서 중장비 날에

Ⅰ. 눈을 의심케 하는 도심 속 황토 벌판

길이 잘려 나가 버렸다.

이번 재답사는 중상을 입은 문현동~대연동 구간 옛길의 생존 가능성을 알아보는 여정이다.

집과 골목이 쓸려나간 황토 벌판

부산 동구에서 남구로 넘어가는 동천하구교가 출발점이다. 우암로교차로를 건너 부산 남구 문현동 곱창거리로 들어간다. 부산진시장으로 향하는 지겟골, 못골, 용호동 사람들은 이곳을 지나 동천을 넘었다. 장고개를 넘어온 우암동 주민들과 수인사를 하며 동행했을 것이다.

대연고개 쪽으로 방향을 잡는다. 지겟골로이다. 옛사람들이 장에서 물건을 팔고, 산 후에 식구가 기다리는 집으로 돌아가는 석양길을 따라 걷는 셈이다. 지겟골로에는 곱창집과 상가들이 들어서 있다. 이 길이 과거에 버스와 각종 차량이 다녔던 중심 도로였다. 현재는 문현동에서 수영교까지 이어지는 수영대로에 묻혀 이면도로 역할을 맡고 있다. 곱창골목을 지나니 한산하다. 사람으로 붐볐을 때가 상상이 안 된다.

1965년 문현~수영 간 도로 공사 기공식이 거행됐다. 대연고개는 대폭 깎였다. 경사가 완만해지고, 도로 폭이 크게 넓어졌다. 당시 인식으론 너무 넓다 보니 반대 목소리도

높았다. 논밭 지대에 큰 도로가 달리니 "무슨 운동장을 건설하는가?"라는 비판이 있었다는 말이 전해 내려온다.

지겟골로를 걷다 보면 가파른 산등성이에 지어진 집들이 눈길을 잡는다. 언덕 높이에 따라 층층이 지어진 연립아파트들은 또 다른 감천동 문화마을에 온 것 같은 착각을 일으킨다. 지게 형태의 가파른 골짜기라는 뜻을 가진 지명인 '지겟골'을 실감하는 순간이다. 지게 짐을 진 사람들이 워낙 높은 이 고개를 단숨에 넘지 못해 항상 고갯마루에서 지게를 내려놓고 쉬어가는 바람에 '지겟골'이란 이름이 붙었다는 얘기가 전해 온다. 사람이 워낙 많이 타는 바람에 버스가 고개를 넘지 못하고 뒤로 밀리면서 인명 사고가 일어났다는 기록도 있다.

대연고개 부근에서 발길은 막히고 만다. 고개 전체에서 재개발·재건축 공사가 벌어지고 있기 때문이다. 부서진 집들의 잔해가 뒹굴고 있고, 집들이 쓸려나간 자리엔 황토가 맨살을 드러냈다. 오 년 전 고개 부근에서 만났던 소로는 온데간데없다. 1960년대 중반에 수영로를 닦으면서 고갯마루를 깎는 바람에 생긴 잔도栈道 같은 옛길이었다. 2018년 답사 때 거닐었던 시장과 상인들도 모두 기억 속에서만 남게 됐다. 이곳에서 보이는 수영로 건너편은 이미 거대한 아파트촌이 형성돼 있다. 그 개발 바람이 결국 반대편까지 쓸어 가고 말았다.

Ⅰ. 눈을 의심케 하는 도심 속 황토 벌판

대연고개 일대에서 진행 중인 아파트 공사는
현장의 끝이 보이지 않을 만큼 대규모로 이뤄지고 있다.
그 속에 있던 옛길들과 풍경은 흙더미 속으로 모두 사라져 버렸다.

시장으로 태어난 못골 도로

수영로 건널목을 건너 대연동 남구청사로 향한다. 남구청사와 남구의회 자리는 수산대와 통합해 부경대가 된 부산공업대의 옛터다. 남구청은 수영구가 분구하면서 남천동 청사를 수영구청에 물려줬다. 몇 년간 임시청사에 있다가 2007년 대연동의 현 청사에 정식 입주해 오늘에 이르고 있다.

대연동은 못골로 불린다. 못이 있는 골짜기라는 의미였다. 못이 커서 마을 이름을 지을 때 '큰 대大'자와 '못 연淵'자를 써서 대연이라고 했다. 못골에는 세 곳의 못이 있었다는 기록이 남아 있다. 농지의 높이에 맞춰 물이 제대로 흐를 곳에 못들을 만들었던 것이다. 황령산 기슭에 자리한 못들에서 흘러나온 용수가 넓디넓은 뜰을 적셨던 광경을 떠올려본다. 건물들로 빽빽이 들어찬 지금의 모습에서 그때를 그려내기가 무척이나 힘들다. 기계를 이용하지 않고 표고 차만을 이용해 먼 곳으로 물을 흘려보냈던 로마 수도교와 같은 원리였을까?

수영로를 향해 내려오면 그 직전에서 못골시장을 만난다. 옛길에 형성된 장터다. 한국 전쟁 때 피란민들이 생계를 위해 좌판을 깔면서부터 시장이 형성됐다. 수영로 개통 후 인구가 급증하면서 큰 시장으로 성장했다. 못골에 부자들이 몰려들면서 시장이 호황을 누릴 수 있었다. 신작로에 밀린 이전의 길이 새로운 환경에 적응해 환골탈태한 대표적인 사례가 못골시장이라 할 수 있다. 간선도로였을 때는 시장이 생기기 어려웠으나, 수영로에 그 기능을 넘겨주면서 시장으로 역할을 바꾼 것이다.

곡선을 추방하는 자본주의

　　오 년 전 답사 때 보았던 빈 상가들은 소규모 아파트로 변해 있다. 아파트가 늘어나 상주인구가 늘어나면 못골시장이 더 번성할까, 아니면 쇠퇴할까. 그런 의문이 떠나지 않는다. 대형 소매점의 득세에 밀려 재래시장이 갈수록 쇠퇴하는 흐름이 갈수록 거세지고 있다. 그런 현상이 못골시장에선 일어나지 않기를 바란다. 새길에 밀려도 시장으로 얼굴을 바꿔 꿋꿋이 살아남았던 못골시장의 저력을 믿어 본다.

　　기아자동차 부산본부 앞에 다시 수영로를 넘는다. 수영로가 옛길을 여러 번 관통했음을 보여준다. 자본주의에선 이처럼 곡선은 직선에 유린당한다. 속도와 편리라는 구호 앞에서 '구불구불'이란 형태는 생존하기 어렵다. 그 직진 행에 잘려 나간 무수한 길들이 어렴풋이 느껴지는 순간이다.

　　수영로226번길에 들어서서 200m 정도 내려오면 대연성당이다. 1961년 그때 큰길이었던 옛길 가에 세워진 성당이다. 그 큰길이 이면도로가 되었으니, 지금은 큰길이 아닌 작은 도로 옆에 자리해 있는 셈이다. 대연성당이 옛길을 지켜주고 있다는 생각이 든다. 만약 성당이 없었다면, 부경대학교가 이 길 너머까지 확장하지 말란 법이 없기 때문이다. 이 일대 성당들은 대부분 대연성당을 모태로 하고 있다.

길라잡이 포인트

| 동천하구교-대연고개-남구청-못골시장-대연성당

Ⅰ. 눈을 의심케 하는 도심 속 황토 벌판

7
간극과 비틀림을 확인한 영도의 허리

영도 중리~한국해양대

우리나라 많은 섬은 산이 잠긴 형상이다. 육지에서 내달린 산맥이 바다에 퐁당 빠져서도 물 밖 세상이 그리워 고개를 내민 모습이다. 덩치가 큰 섬에서는 산줄기가 그대로 남아 고갯길로 나타나기도 한다. 부산의 섬 아닌 섬, 영도도 그러하다. 할아버지 노릇을 하는 조봉祖峰, 즉 봉래산과 아들을 의미하는 자봉과 손자를 뜻하는 손봉이 함께 어울리다가 중리산을 거쳐 태종산을 넘어서 포세이돈 신 곁으로 떨어지는 산세다. 사람들은 그사이 잘록한 허리춤을 잡아 지름길로 삼았다. 지금은 자동차들이 달리는 도로로 변했지만.

　이 영도의 허리를 도보로 찾는 외지인은 드물다. 뭍 사람들이 쉽게 떠올리는 곳은 으레 섬 끝 태종대다. 부산 속 산토리니라는 흰여울마을을 찾아 영화 〈변호인〉의 한 장면을 회상하는 이도 적지 않다. 영도민의 기름내 밴 땀 냄

새를 맡을 수 있는 영도대교 아래 깡깡이예술마을도 후보
에 들만하다.

이렇듯 영도 동삼동 중리마을에서 해양대로 넘어가
는 고갯길은 명소에서 소외되기 일쑤다. 실제 삶터와 볼거
리 사이에는 괴리가 있는 모양이다. 이번 여정은 그 간격과
비틀림을 확인했던 발걸음이다. 한국 해양 교육의 산실인
해양대학교가 옮겨 갔던 길을 따라가는 여정이기도 하다.

해상 요충지 영도 중리 앞바다

영도의 옛 이름은 절영도絶影島. 그림자도 못 따를 만
큼 속도를 냈다는 명마의 뜻이 담겨 있다. 신라 때부터 말 방
목지였던 내력이 흠뻑 묻어나는 지명이다. 해방 후 행정구
역을 정비하면서 '절영도'를 줄여서 '영도'로 부르게 됐다. 지
역 이름의 연원을 밝히는 건 항해 출발점에 대한 이해를 돕
기 위해서다. 시작점은 중리맛집거리. 약 30곳의 음식점이
있는데, 메뉴는 마음대로 고를 수 있을 정도로 다양하다. 맛
집 거리 안내판은 바다회, 돼지국밥, 오리고기, 아귀찜, 밀
면, 칼국수, 피자 같은 다양한 메뉴를 파는 음식점으로 가득
하다.

맛집 거리로 특화한 영도 중리는 과거에 강력한 수군
진영이 있던 곳이다. 1881년 설치된 절영도진(절영도진 첨

절제사영)은 15년 동안 존속했다. 이 수군의 설치는 해안을 방비하고 일본인의 침탈을 막기 위해서였다. 개항한 부산항을 들락거리는 외국 무역선을 감시하는 목적도 있었다. 절영도진의 위치는 현재 부산남고등학교와 부산체육고등학교와 영도여고 일대로 추정된다. 이처럼 영도 중리 앞바다는 조선 말기에 해상 요충지였다.

이곳에는 부산해양대학교가 1974년까지 20년간 자리하고 있었다. 그 터가 과거에 절영도진이었다는 사실을 알고 나니 고개가 절로 끄덕여진다. 바다 사나이가 뜻을 펴는 명당이라는 생각이 들어서다. 절영도진에는 13명의 첨사가 거쳐 갔다. 그 가운데 선정을 펴 송덕비가 세워진 인물도 있었다. 그들의 송덕비는 2003년 중리 바닷가에서 다른 곳으로 옮긴 상태다.

중리해변을 떠나 부산남고삼거리에서 중리북로로 방향을 잡으면 남고와 부산체육고가 연이어 나타난다. 조금 더 가니 영도여고다. 학교들이 담장을 경계로 연이어 붙어 있는 형상이다. 지도로 확인하니 아니나 다를까 일곱 학교가 다닥다닥 붙어 있다. 약간 떨어져 있는 학교들과 합치면 열 곳에 육박한다. 대단한 학교 집적도다. 부산 어디에서 이런 데를 찾을 수 있을까. 아파트가 많고, 학교 입지가 좋은 곳이어서 그렇겠다는 짐작만 할 뿐이다.

절영도진 첨사 송덕비를 찾으나 공사 가림막으로 막

혀 있다. 영도구 다목적 실내체육관 건립이 막바지로 달리는 중이다. 가림막 안으로 들어갈 수 있으나 휴일엔 불가능하단 다. 적혀 있는 전화로 송덕비의 안위를 물을 수밖에 없었다. 송덕비를 옮기지 않았고, 평일에 오면 볼 수 있다는 목소리 를 들을 수 있었다. 확인차 다시 한번 답사해야겠다. 송덕비 는 모두 4기이다. 백성과 군졸들이 아름다운 모습을 보인 첨 사들을 기리는 비들이다. 그 가운데 3대 첨사 임익준 송덕비 에 얽힌 얘기가 재밌다. 그 비는 2003년 10월 태풍 '매미'를 타고 바다로 떠났다가 2017년 7월 다시 태풍 '난마돌'을 타 고 뭍으로 돌아왔다. 태풍에 유실됐던 비를 태풍으로 다시 찾은 것이다. 이처럼 바다는 만물을 삼기기도 하지만, 만물 을 토해내기도 한다.

기업은 아파트 이름으로 남나

첨사 송덕비 자리에서 봉래산 기슭을 올려 보니 사찰 기와지붕이 눈에 들어온다. 대붕大鵬이 막 하늘로 비상할 듯 한 형상이다. 태종대중학교 앞으로 다가가니 '한마음 선원 부산지원'이란 석재 표지판이 우리를 안내한다.

한마음 선원에서 내려와 영도어울림문화공원에 닿는 다. 이름처럼 문화예술회관, 도서관, 체육센터 기능이 어울 려 있다. 부산에서 좀처럼 보기 어려운 복합문화시설이다.

문화와 여가 공간이 부족한 영도의 지역 특성을 고려한 시설 배치로 보인다. 국제마마뉴비치타운아파트 옆 중리로를 따라 내려가다 사거리에서 왼쪽 도로로 접어든다.

완만한 경사의 절영로를 오르니 조양비취맨션이 길 건너에 늘어서 있다. 상호에 '조양' 단어를 포함한 가게들도 많다. 이 맨션은 2001년 파산한 조양상선의 사원 주택으로 지어졌다고 한다. 회사는 사라졌지만, 아파트 이름은 아직도 남아 있는 셈이다. 그래서 대기업 건설사들이 자신의 사명社名을 그토록 아파트 이름에 넣고자 애를 쓰는 것인가. '호랑이는 가죽을 남기고, 기업은 아파트 이름을 남긴다'라는 속담이 나올 만하다. 아울러 해운 도시 부산의 쇠락이 뼈저리게 느껴진다. 아파트 벽면에 커다랗게 '정밀 안전 통과'란 현수막이 붙어 있다. 재건축이 예정돼 있나 보다. 그나마 아파트로 남은 '조양'의 흔적도 곧 사라질 모양이다.

이런 양가감정 속에서 헤매다 어느새 와치로 횡단보도 앞에 서 있는 나를 발견한다. 길가에 꽃 배가 눈에 띈다. 1997년 태풍으로 떠내려온 폐선박을 단장한 것이다. 동네 청년들이 흉물로 방치된 배를 보다 못해 꽃단장을 해주기로 의기투합했다고 한다. 세월이 흘러서인지 그 꽃들의 자태가 예전만 못하다. 다시 손질을 해 주면 좋겠다. 길을 건너 롯데캐슬블루오션아파트 옆을 지나 동삼혁신도시로 발길을 옮긴다. 이 아파트 벽에 새겨진 '롯데'란 이름이 다시 '조양'을 상기시킨다. 그 길에서 만난 태종로로 걸어가 해양대삼거리 앞에 선다.

바다 조망 막은 초고층 아파트 행렬

그 너머로 동삼동패총전시관이 보인다. 우리나라 신석기 문화를 알려주는 대표적인 유적지다. 한반도에 거주한 선사 인류들은 어떠한 생활을 했을까. 수렵 채취 시대이지만, 이 정도의 조개 무덤을 만들 정도였으면 정주형 생활을 하지 않았을까 하는 추리를 해 본다. 농경 민족만 정착한 것이 아니라는 재레드 다이이몬드의 『총 균 쇠』 내용이 띠올라서다. 패총전시관 너머로 오 년 전 보이지 않던 고층 아파트가 눈에 띈다. 여차하면 성큼성큼 걸어와 선사 유적을 파괴할 것만 같은 위압감을 안겨 준다.

패총전시관에서 조도로 접근하자마자 한국해양대박물관을 만난다. 그 안에는 우리나라 선박과 해양의 역사로 가득하다. 한국해양대학교 역사를 한눈에 볼 수 있어 흥미롭다. 진해, 인천, 군산, 부산 거제동, 영도 중리를 거쳐 1972년 현재 조도 캠퍼스에 정착한 해양대의 모습은 우리나라 해양 역사의 축소판이나 마찬가지다.

조도에서 나와 정문 경비실을 지나 오른쪽 도로로 60m가량 걷는다. 거기에서 길을 건너 다시 그만큼 교통섬

위 | 동삼동패총전시관과 거대한 아파트가 부조화를 이루고 있다.

아래 | 아파트 건설 광풍에 떠내려 온 듯 방치된 동삼동패총전시관 안내판.

내 길을 올라가면 동삼해수천 입구에 다다른다. 이 하천은 준설토 투기로 매립된 동삼혁신도시와 기존 토지 간에 생긴 물길이다.

그 뒤 자연 마을에 있던 곳에 거대한 아파트 군집이 들어섰다. 오 년 전 들락거렸던 골목길은 자연히 사라져 버렸다. 조망권 시비가 있을 법했을 텐데 어찌 그리 소리 소문 없이 그토록 거대한 철벽 아파트들이 들어설 수 있었는지 궁금하다.

다행히 동삼초등학교는 아파트 광풍에 날려가지 않고 남아 있다. 태종로로 올라서면 동삼초등학교가 지척이다. 교문 앞에 학교 창립자를 기리는 비가 우뚝 서 있다. 내용을 찬찬히 읽어 본다. 일제 강점기 시절 후세 교육을 위해 애쓴 이의 노고가 묻어난다. 태종로에서 건널목을 건너 해양로로 따라 걸어가면 피아크카페에 닿는다. 언뜻 보면 공장 같다. 카페의 규모가 놀랍다.

인근에는 부산 국제크루즈터미널과 국립해양박물관이 있다. 재수 좋은 날에는 엄청난 크기의 크루즈선을 만난다. 더 행운이 있는 날에는 태산처럼 움직이며 정박하거나 출항하는 크루즈 선박을 볼 수 있다. 크루즈터미널과 이웃하는 국립해양박물관은 볼거리가 풍성하다. 여유가 있으면, 해양박물관에서 해양대까지 이어지는 해변 길도 걸을 만하다.

Ⅰ. 눈을 의심케 하는 도심 속 황토 벌판

동삼해수천을 따라 아파트가 성벽처럼 펼쳐져 있다.

길라잡이 포인트

중리맛집거리-영도어울림문화공원-동삼동패총전시관-동삼해수천-
동삼초등학교

1
뱃길 들머리에 부는 변화의 바람

덕천역~구포장

해양도시 부산이 있기 전, 강의 도시 부산이 있었다. 국토를 종縱으로 내달리는 보기 드문 흐름을 가진 대가람 낙동강. 동력 엔진이 없던 시절, 나룻배들은 이 강물을 타고 남북으로 오르내렸다. 남녘 사람과 물산은 그렇게 한양으로 꾸역꾸역 몰려 들어갔다.

그 동맥의 기점에 자리하는 구포는 강의 도시 부산의 중심이었다. 강 하류 풍요가 모여드는 나루터가 생기고, 그 기반 위에 조세 창고가 들어섰으며, 장터 형성과 근대 교통 발달로 이어졌다. 통화와 결제를 위한 은행의 시발점이 된 것도 우연이 아니었다. 이런 살림살이는 교육의 틀을 세우고 각성을 불러일으켰다. 일제 강점기에 들고 일어난 구포장터 만세 운동은 부산인의 기개를 떨친 사건이었다.

이번 발걸음은 바다를 지나 강으로 들어간다. 우리나

라 자본주의 맹아가 싹튼 구포에서 낙동강 힘을 실감하는 발길이다. '근대의 싹'을 틔운 뱃길 들머리로 들어간다.

구포 나루터가 감동진이라니

도시철도 2·3호선이 교차하는 덕천역에서 출발한다. 역 주변 변화에 상전벽해란 경탄이 절로 나온다. 사람이 넘치고, 건물이 올라가고, 차량이 북적이는 풍경이 자연스러운 수준에 이르렀다. 환승역인 교통 요지인 데다 인근에 화명과 양산 신도시가 생기면서 발전을 거듭하고 있다. 부산 북구 구포시장 맞은편에 들어선 거대한 '금빛노을브릿지'가 우선 눈에 들어온다. 이 다리는 차도로 단절된 화명생태공원과 구포시장을 이어주는 길이 383m, 너비 3m, 승강기 3대를 갖춘 보행 전용 육교. 주민의 생활 편의와 구포 상권 부활, 서부산 대표 명소 정착 등을 목표로 부산시와 북구가 187억 원을 들여 2022년 5월 준공했다.

4층 건물 높이의 보행 육교에 오르자, 구포역 철길과 화명생태공원, 낙동강이 한눈에 들어온다. 조망을 즐긴 후 구포시장 쪽 승강기를 이용해 도로로 내려와 뒷길로 접어든다. 강변으로 접근하기 위해서다. 근처 AU호텔 길 건너를 유심히 보면 강 쪽으로 나가는 틈이 보인다. 경부선 철도 아래로 지나가는 굴다리다. 그 밑으로 곧 낙동강으로 흘러 들

구포시장 맞은편에 2022년 5월 준공해
명소로 등장한 '금빛노을브릿지'.

　　　　　　　Ⅱ. 망각을 바라는 흔적 유실의 현장

어갈 덕천천과 대리천이 도착과 새 출발을 준비하고 있다. 아직 정화하지 않은 오수여서 후각을 무척 괴롭힌다. 조금 더 걸어 하천물을 정화한 생태습지로 들어서면 코를 쥐었던 엄지와 검지를 놓아도 된다. 그 시간은 뾰족한 코가 될 정도는 아니다. 입구 건너편 덕천배수펌프장에서 햇볕 아래로 나오는 두 하천을 볼 수 있다. 왼쪽이 덕천천이고, 오른쪽이 대리천이다. 어쨌든 '내 마음 민들레 홀씨 되어 강바람 타고 훨훨 네 곁으로 간다'라는 연가풍의 흥얼거림은 나오지 않는다.

이처럼 덕천교차로 번영이 낳은 배설물을 확인하고 구포역 방향으로 50m가량 둑길을 걷는다. 도로 공사가 한창이어서 통행이 편하지 않다. 갈맷길과 '길 없음. 구포어촌계 선착장' 표시판이 교차하는 지점에서 오른쪽 강변대로 아래를 지나 강가에 다다른다. 보트들이 끝이 보이지 않을 정도로 길게 늘어 서 있다. 샛강에 조성된 구포 어촌계 정박지다. 푸닥거리 장면도 보인다. 젊은 아낙네가 줄에 묶인 지폐를 마구 떨어낸다. 강의 신을 향해 부정이나 살을 풀려는 몸부림인가.

갔던 길로 되돌아 나온다. 낙동강관리본부를 지나서 동원로얄듀크비스타아파트 앞에 선다. 횡단보도 뒤편에 세워진 '구포 지역 문화 유적' 비석을 일별한다. 그 주변에 옛 감동창이 있었다는 설명이다. 1610년 설치된 감동창은 조선 시대에 경상도 세곡을 보관하던 창고를 말한다. 해로를 따라 수송하는 배가 자주 침몰하자 낙동강 수로를 따라 한양으로 세곡을 운반하게 된 것이다. 험난했던 오디세우스의 귀향과 가슴 아픈 세월호 사고가 불현듯 떠오른다.

감동창이란 이름의 연유가 궁금하다. 그 까닭을 알기 위해 다시 길을 나선다. 빗돌에서 일제 강점기에 축조된 둑길로 올라선다. 흙길 정취에 젖을 즈음 도시철도 구포역사驛舍가 나타난다. 범선의 돛대를 형상화한 모습이다. 바람과 파도의 이미지가 배어 나온다. 감동甘同의 비밀은 여기에 숨어 있다. 지금은 사라진 구포나루가 도시철도 구포역사 근처에 있었던 것이다. 그 나루터의 공식 이름이 바로 감동진甘同津 혹은 감동나루였다. 상주의 낙동진, 율지의 밤마리나루와 더불어 낙동강 3대 나루로 불리던 곳이다. 감동창 명칭의 의문은 이렇게 풀린다. 감동진이 있어 감동창이 들어섰고, 감동창이 있어 감동진이 번성한 셈이다. 북적이는 나루터 뒤편에 저절로 장터가 열렸으니 그것이 감동장(구포장)이다.

감동진의 영화는 경부선 개통과 구포교 개설로 육로 교통이 원활해지면서 서서히 사그라든다. 급기야 1980년 이후로는 대동수문을 오가며 장꾼을 실어 나르던 나룻배마저 사라진다. 구포나루의 옛 모습을 복원한다는 소식은 어찌 되었는지 궁금하다. 일과를 마치고 한 잔 술에 뱃전을 두드리며 한가락 뽑는 보부상의 노랫소리를 다시 듣고 싶은 바람은 아직도 충만하니까.

옛 번영 고이 간직한 우리은행 구포지점

역사를 나와 낙동강 변을 다시 걷는다. 도시철도 3호선 구포철교가 머리 위로 지나간다. 강 건너 강서구청역으로 가는 다리다. 그 왼쪽 구포대교 위로 자동차들이 쌩쌩 달린다. 15년 전만 해도 두 다리 사이로 다리 하나가 더 있었다. 1933년 개설 이후 75년간 부산, 경남 주민들과 함께 근·현대사를 같이 한 구포다리를 말한다. 개통 당시 구포다리는 아시아에서 가장 긴 다리라고 하여 낙동장교洛東長橋라고 했다. 사라진 다리 위치에 세워진 '낙동강의 물목 구포다리 옛 모습' 설명판이 사연을 들려준다.

그 옆으로 난 계단을 통해 둑길로 오른다. '부산을 세계로'란 구호가 새겨진 거대한 조형물이 목을 아프게 한다. 신구포대교 개통을 기념한 탑이다. 1919년 3월 29일 일어난 장터 만세 운동 기념비도 나란히 서 있다. 구포를 상징하는 거북이 모양의 석상이다. 만세 운동 내력과 그때 영웅들의 이름을 등에 얹고 어디로 가고 있는 것일까.

둑길을 따라 도시철도 구포역사로 되돌아온다. 육교를 이용해 구포대로를 넘으니 구포 철도역이 눈앞이다. 대로에서 왼쪽으로 발길을 돌린다. 턱밑에 우리은행 구포지점

1912년 개점해
부산에서 가장 오래된 은행인
우리은행 구포지점.

이 있다. 1912년 우리나라 최초로 지방 은행이 세워진 곳이
다. 구포 지역 재력가들이 자금을 모아 설립한 민족계 은행
이다. 통화 결제와 금융 거래 기관 설립이 필요했던 당시 구
포의 번영이 눈에 보이는 듯하다. 페인트칠 벗겨진 표시판
이 그 세월을 웅변한다. 인터넷 뱅크 등장으로 은행 점포들
이 사라져 가고 있다. 우리은행 구포지점만은 그 흐름에서
벗어나길 바라는 마음이 절로 일어난다.

　뒷길로 접어들어 구포역 방향으로 길을 잡는다. 옛 유
흥가 건물 간판이 군데군데 남아 있다. 첫 답사 때인 오 년
전에 비해 정비된 듯한 느낌이나 특유의 역전 분위기는 아
직도 남아 있다. 구포 철도역은 1903년 완공됐다. 구포나루
터와 함께 한 시대를 이끌었고, 지금도 변함없이 북구 지역
의 육상 관문 역할을 맡고 있다.

한때 폐선이 논의되었던 경부선 구포역 일대 전경.

현재 역사 노후화에 따른 신축이 진행 중이다. 앞으로 역사 자체가 사라질지도 모른다. 경부선을 덕천역에서 부전역까지 지하화하려는 움직임이 계속 나오고 있어서다. 경제성 문제로 일단 철회되기는 했지만, 만약 다시 추진된다면 구포역사는 공원으로 변할 개연성이 높다.

구포하면 빼놓을 수 없는 먹을거리가 '히수무레하고 부드럽고 수수하고 슴슴하다'며 어느 시인이 노래한 국수다. 철도 역사를 떠나 약 150m 거리에서 구포국수체험관을 만난다. 국수 만들기 체험을 하고 국수 제조 역사를 알리기 위해 2016년 세워졌다. 국수 식당도 새로 생겼다. 일제 강점기 당시 우리나리 최대 밀 생산지는 황해도였다. 그 밀이 기차에 실려 온 곳이 구포역이었고, '남선곡산' 같은 밀가루 가공공장들이 역 주변에 들어섰다. 이런 기반 위에서 시작한 구포국수는 한국 전쟁 이후 구호용 밀가루가 들어오면서 급성장하게 된다.

만세거리로 조성된 길을 걷는다. 일본 경찰 주재소 모형물과 항일운동 그림으로 가득하다. 옛 구포 주민의 자주독립 열망이 엿보인다. 지식인, 학생뿐만 아니라 장꾼과 농민, 품팔이 노동자까지 가세해 외쳤던 만세 소리가 들리는 듯하다.

상전벽해를 이룬 구포초등학교 주변

　만세거리를 걷노라면 경부선 철도 아래로 놓인 지하도를 만난다. 구포시장 쪽으로 빠지는 길이다. 지하도 끝에서 오른쪽으로 올라 그 방향대로 발걸음을 잡는다. 200m가량 걸어 왼쪽으로 가면 'since 1943 구포국수' 간판이 보인다. 구포에서 유일하게 가동하고 있는 국수 공장이다. 장대에 꽂아 늘어 말린 국수로 장관을 이뤘다는 구포장터의 옛 풍경을 생각하면 격세지감이 아닐 수 없다. 5년 전엔 '구포연합식품'이었는데 그새 이름을 바꾼 사연은 무얼까.

1943년 시작해 현재 구포에서 유일하게 가동하고 있는 구포국수 공장.

구포성당으로 향한다. 이 성당은 알빈 슈미트(1904~1978) 독일인 신부를 떠올리게 한다. 1937년 선교사로 한국과 인연을 맺은 그는 전국에 180여 개소의 가톨릭 건축물을 설계한 인물이다. 구포성당도 그의 작품 중 하나다. 하지만 성당의 근처에 있던 유서 깊은 구명교회 건물은 온데간데없다. 1905년 부산에서 세 번째로 교회가 지어진 자리에 있던 건축물이었다. 오목새김 글자가 흐릿할 정도로 흘러간 세월을 말해주던 석판을 찾으려 둘러보았지만 헛수고였다.[1] 행정복지센터 직원과 구청 담당 직원도 문의 전화를 받고서야 여러 곳에 문의를 해보더니 사실을 확인해 준다.

이어서 도착한 구포초등학교 인근은 그야말로 상전벽해라는 말을 절감하게 했다. 5년 전에는 없던 아파트가 성벽을 이루고 있다. 구포초등학교는 지역 인사들의 찬조금으로 세워진 곳으로 2017년에 개교 110주년을 맞았다. 구포 지역이 가진 폭과 심도가 절로 다가온다. 구포초교를 지나 녹천탕을 지난다. 그 아래로 흐르는 대리천 상류가 V자 협곡을 이룬다. 콘크리트를 덕지덕지 붙이지 않은 자연 상태를 머리에 그려 본다. 그랬으면 절경이었을 계곡이 아쉬움을 안긴다.

1   검색 엔진 네이버 검색 결과 2021년 8월까지 그 자리에 교회가 있었던 사실을 확인할 수 있다.

새로 들어선 거대한 아파트 촌과 전통 마을이 묘한 대조를 이룬
구포초등학교 인근의 모습.

사랑로로 접어들어 구포시장으로 방향을 잡는다. 원래 구포나루터 근처에 있던 구포시장(감동장)은 1932년 현재의 자리로 옮겨왔다. 상설시장과 오일장이 함께 열린다. 매달 3, 8일이 들어간 날에 구포장에 들어서면 조용하던 골목이 임시 좌판을 깔고 물건을 파는 시장으로 탈바꿈한다. 김해, 양산, 밀양, 창원뿐만 아니라 멀리 경북, 전남 지역 상인들이 모여든다. 구포 오일장은 부산에서 몇 남지 않은 전통시장이다.

시장5길로 들어가 시장1길을 찾는다. 60년 전통의 '이원화구포국시'가 구포 국수의 명맥을 잇고 있다. 주문한 국수가 나오기 전에 몇 잔 마시는 멸치 육수가 매력적이다. 5년 전 맛을 다시 느끼려 문을 열고 들어가 '따신 국시 곱빼기'를 시켰다. 대리천을 복개한 약초길을 벗어나는 방향을 따라 낙동대로 1762번가 길을 걷는다. 신신이용원, 동명철물전기 같은 건물들이 이채롭다. 일제 강점기 시설 지어진 옛 건물이다. 그 시절 그 주변에 일본 경찰 주재소, 면사무소가 있었다. 만세거리 지하도로 다시 돌아왔다. 그 지점을 기준으로 원점 회귀한 셈이다.

길라잡이 포인트

| 도시철도 덕천역-도시철도 구포역-구포성당-구포초등학교-구포시장

Ⅱ. 망각을 바라는 흔적 유실의 현장

2
잊힌 조방과 사라지는 매축지마을

조선방직 옛터~매축지

늘 변화를 겪는 도시에서 옛 자취는 지나온 발자국과 같다. 그 기억은 오래 남아 새로운 여정을 위한 교훈이 된다. 반세기 전, 지금의 부산 동구 범일2동과 부산진구 범천1동 일대 광활한 부지에 큰 방직 공장이 있었다.

하지만 이곳의 모습은 새 도로와 건물에 파묻혔고, 그 흔적마저 '조방'이란 뜻 모를 줄임말에 의지해 근근이 이어지고 있다. 이렇듯 부산의 '조선방직 주식회사'는 급하게 사라졌고, 그 자취도 점차 희미해지고 있다. 이제는 지명이 돼버린 공장 명칭으로 언제까지 사라진 존재에 대한 기억을 지켜낼 수 있을까.

조선방직 옛터 한 바퀴 돌기를 시도해 본다. 건물 부스러기 하나, 담장 조각 하나 남아 있지 않은 곳을 어찌 둘러볼 수 있을까. 보이지 않은 물길을 찾듯, 지도를 보며 조방 옛 담길을 더듬어 보자는 의도이다. 의미를 부여하며 수시로 소환하지 않으면, 그 이름마저 아예 사라지고 마는 게 이치이기에.

기술 문명의 이런 행위는 '닦달'Gestell'

이번 발걸음은 도시철도 1호선 범일역 2번 출구에서 시작한다. 200m 앞쪽 옛 부산은행 본점이 조선방직 옛터를 원점 회귀하는 기점이자 종점이다. '조방타운'이란 표지판에서 출발한다. 여기서부터 옛 국제호텔까지 이르는 범일로90번길과 자성공원로, 조방로10번길에 조방의 남쪽 담장이 있었다. 이 길 북쪽 조방 안에서 방직기계를 돌리며 땀 흘리던 여공들의 모습을 상상해 본다. '조방'을 상호로 삼은 가게들이 많이 보인다. '장어구이촌'이라 불러도 될 정도로 장어구이 집들이 숱하다.

오 년 전 답사 때 있던 국제호텔이 보이지 않는다.[2] 주상 복합건물로 바뀌었다. 영화 〈친구〉 촬영지로 유명한 그 호텔도 아파트 광풍 앞에서 어쩔 수 없었나 보다. 호텔 정문 앞에 있던 '친구' 기념비는 어디로 갔는지.

KT 남부산지사 건물에서 오른쪽으로 방향을 틀어 범

2   네이버 검색 결과 2018년 2월까지 호텔이 서 있었다.

일교차로 방향으로 길을 잡는다. KT 건물 앞 도로가 독립투사 '박재혁거리'이다. 의열단 단원이었던 박 의사는 1920년 부산경찰서를 폭파하고, 서장 하시모토를 처단했다. 사형선고를 받은 그는 단식하다 폐병을 얻어 27세의 젊은 나이에 순국하고 말았다. 그 근처에 부산진성공원釜山鎭城公園이 보인다. 부산진성을 모성母城으로 했을 때 그 자식의 성과 같다는 뜻으로 자성대라고도 불리는 곳이다. 그 안에서 영가대와 조선통신사 역사관을 둘러볼 수 있다.

다시 KT 남부산지사 건물로 돌아와 부산시민회관 쪽으로 방향을 잡는다. 시민회관이 조선방직공장 터에 포함되었는지에 대한 의견이 분분하다. 하지만 그 부근에 조방 후문이 있었다는 것에 대해선 이견이 없다. 조방의 동쪽 담장이 달렸던 동천을 따라 걷는다. 동천은 아직도 공사 중이고, 악취도 여전하다. 천문학적 예산을 들여 정화 사업을 해도 좀처럼 나아지지 않고 있다. 인간이 자신의 편리함을 위해 자연을 회생 불가능할 지경으로 지독하게도 망쳐놓았다는 증거다. 지금 우리가 보이지 않는 어디에 제2, 제3의 동천이 생기고 있을지 모를 일이다. 기술 문명의 이런 행위를 '닦달Gestell'이라고 표현한 독일 철학자 하이데거가 생각난다. 에너지를 내놓도록 자연을 몰아세운다는 의미다. 동천가에 늘어서 있던 아파트들의 철거 작업이 한창이다. 재개발에 들어간 모양이다.

수십억 원을 투입하고도 수질이 엉망인 동천과
저 멀리 화려한 부산국제금융센터(BIFC)가
묘한 대조를 이루고 있다.

동천을 따라가는 조방 동쪽 경계선은 무지개다리까지다. 이 다리가 1998년 놓이기 전에는 그 자리에 '썩은 다리'와 철도 문현선 다리가 있었다. 조선방직의 북쪽과 서쪽은 문현선 옛 철로를 경계로 하고 있었다. 문현선은 1941년부터 1972년까지 운행했다. 무지개다리 약간 못미처 중앙시장으로 가는 골목이 과거 철로다. 도저히 열차가 다니지 못했을 것 같은 좁은 길이다. 그만큼 당시 철도 차량이 작았다.

여러 번 방문하며 애쓴 터 찾기

"우리 상점 바로 앞으로 기차가 칙칙폭폭 다녔지요." 중앙시장에서 떡 장사를 하는 아주머니가 웃으며 말한다. 인근에서 대를 이어 낙지볶음을 하는 식당 주인의 회고는 더욱더 생생하다. 그곳 토박이인 그는 식당 앞으로 지나던 문현선을 기억하고, 그 너머 조방터에서 동무들과 놀았던 얘기도 풀어냈다. 조방이 사라진 자리는 고속·시외버스터미널이 생기면서 한때 교통 중심지로 변했다. 또 평화·자유시장이 들어서면서 상업중심지로 발돋움했다.

철로 문현선 흔적은 조방대로 건너 철물공구상가로 이어진다. 그 근처에 조방 정문이 있었다는 자료와 증언이 전해진다. 이제 출발점이 지척이다. 기점인 옛 부산은행 본점과 '조방타운' 표지판 아래에 도착했다. 옛 조방터를 한 바퀴 완전히 돈 셈이다. 거리는 약 2.5㎞.

일본인들이 1917년 설립한 조선방직 주식회사는 1968년 문을 닫았다. 조선방직은 일제 강점기와 해방 정국에서 부산 경제를 지탱하던 기둥이었다. 그러나 이 공장의 짙은 그림자는 부인할 수 없는 사실이다. 공장 설립은 조선 면화를 값싸게 사들여 조선 시장에 값비싸게 팔려는 수법이었던 것이다. 전형적인 제국주의 술책이다. 해방 이후에도 이 공장은 특혜와 검은 거래 의혹에서 벗어나지 못했다. 열악한 노동환경에 따른 여공들의 수난사도 잊지 못할 아픔이다.

이런 근대 산업 유산은 부산의 성장사 그 자체라고 할 수 있다. 하지만 해당 지역엔 '조방'이란 단어만 난무한다. 그곳이 한때 국내 최대 면직물 가공 공장의 옛터라는 사실을 알리는 설명문을 찾아봤다. 견문이 적은 탓인지 도대체 보이지 않는다. 특히 조방 터 위치 파악은 어려운 수수께끼를 푸는 격이었다. 오 년 전 답사 때는 정부 발간 옛 지도와 사진을 현재 지도에 겹쳐 보기를 반복했다. 종전 이후 미국 육군이 발간한 지도를 참조하기도 했다. 지도 작업 이후 세 차례에 걸쳐 현장 조사를 했다. 주변 상인과 주민을 대상으로 탐문 조사를 하는 확인 절차도 거쳤다.

내친김에 문헌선 흔적을 더 따라가 보기로 했다. 조방 터를 한 바퀴 돈 지점에서 범일로 너머로 바라다본다. 부산 진시장 방면으로 휘어져 가는 길이 눈에 들어온다. 직선대로에 산산조각이 난 옛 문현선 자국이다. 건널목을 건너 끊어진 길을 꿰맞추는 여정에 나섰다. 그 길에서 다시 횡단보도를 넘으면 부산진·남문시장 뒷길이다.

마을 짓밟는 아파트 거인의 발길

남문시장 끝에서 자성로지하도로 이어지는 길이 양 갈래로 나 있다. 오른쪽 길로 접어들자마자 눈 위로 '영가대 본터' 표지판이 보인다. 오 년 전에는 화살표를 따라 골목에 들어가면 도착할 수 있었다. 하지만 지금은 패션비즈스퀘어까지 가서 되돌아 들어가야 한다. 오 년 전 있던 사당은 사라지고 모형 기와집과 기념비만 놓여 있다. 그곳은 본래 영가대가 있었던 자리다. 영가대는 조선 시대 통신사 출항 때 무사 귀환을 비는 해신제를 지내던 곳이다. 일제 강점기에 해안 매립으로 사라졌으나, 1951년 뜻있는 주민들이 본 터를 표시하는 시설을 지었다. 부산진성공원에 있는 영가대는 이곳 건물의 복원물이다. 옛터가 좁아 그리했겠지만, 생뚱맞다는 생각이 드는 건 어쩔 수 없다. 지금이라도 본 터에 대한 고증, 관리, 소개가 보완돼야 한다는 목소리가 나온다. 철로 문현선이 지났던 자성로지하도를 지나 매축지마을로 들어선다. 일제 강점기 일본인의 부산 이주가 시작되면서 매립된 지역이다. 당시 매축지마을은 부두에서 내리는 말이나 짐꾼들이 쉬었던 곳이었는데, 해방과 한국 전쟁 때 많은 인구가 급격히 유입되면서 지금의 마을이 형성됐다. 이 과정과 형편을 기록한 곳이 매축지문화원이다. '오래된 풍경'은 여러 영화의 배경이 됐다. 〈마더〉, 〈아저씨〉, 〈하류인생〉 등 여러 영화를 촬영했다.

하지만 여기에도 예외 없이 아파트 거인이 마을을 마구 짓밟고 있는 형국이다. 매축지문화원이 공사장 안으로 들어가 버렸다. 아파트 공사가 시작되면서 마을 규모가 반으로 줄었다. 마을 입구에 있는 안용복생가터도 위태롭기는 마찬가지이다. 인근 건물이 텅 비어 있는 양상으로 볼 때 생가터도 언제 없어질지 모르기 때문이다. 조선 시대에 독도를 지킨 위인의 흔적마저 아파트 광풍에 날려갈까 걱정된다. 다행히 화재 사이렌 역할을 한 매축지 종은 만날 수 있었다. 잃어버린 종은 결국 못 찾고, 다른 종을 걸어 놓았다는 주민의 전언이다.

길라잡이 포인트

도시철도 1호선 범일역-KT 남부산지사-중앙시장-영가대-매축지마을

Ⅱ. 망각을 바라는 흔적 유실의 현장

매축지마을의 쓰러져 가는 집을
건설 중인 고층 아파트가 덮칠 것만 같다.

3
키가 크는 이유는 볕이 아니라 자본

남천동~대연동 옛 해안 길

「바다가 육지라면」이란 제목의 유행가가 있었다. 파도가 길을 막아 임의 품에 안기지 못한다는 이별의 노래다. 노랫말에는 바다가 육지라면 배 떠난 부두에서 울고 있지 않았을 것이라는 애절함이 배어 있다. 바다가 육지가 될 리 없다는, 결코 넘을 수 없는 장애물을 상정했기에 가능한 정서였다.

그런데 매립으로 바다가 육지로 변한 곳이 한둘이 아닌 부산이다. 별리의 아픔을 지닌 여러 바닷가가 내륙으로 쑥 들어와 버렸다. 일본으로 유학을 떠나는 임을 보낸 여인의 부둣가, 거친 바다로 향하는 어부 남편을 눈물로 환송하는 아낙네의 바닷가, 뱃일 떠나는 아버지를 애타는 심정으로 바라보는 효녀의 갯바위가 사라진 것이다. 부산만큼 바다 메움을 많이 한 곳이 또 어디에 있을까.

그 결과 한적한 어촌마을에 수만 톤의 선박이 정박하

고, 커다란 배후 부지도 들어섰다. 일제 강점기에는 대륙 진출 병참 기지로, 해방 이후에는 고도 압축 성장의 근거지로 내몰렸다. 2018년 탐사 때만 해도 해안선 흔적은 사라지지 않았다. 길 소임을 하며 비릿한 냄새를 풍기는 중이었다. 갯가가 고향인 사나이의 후각으로 그 자취를 찾을 만했다.

하지만 오 년이 지난 현재 옛 해안 길들은 도회지가 풍기는 향수에 한껏 취한 형상이다. 마천루의 숲속에서 바다 내음을 도저히 맡을 수가 없다. 고급 주택지로 변한 수영구 남천동과 남구 대연동 옛 해변을 걷는다. '바다가 육지라면' 이란 간절한 소망이 아니라 '육지가 된 바다'에 사는 군상을 살펴보는 발걸음이다.

욕망이란 이름의 재개발

부산 도시철도 2호선 남천역 3번 출구가 출발점이다. 눈앞에 엑슬루타워아파트가 이름처럼 거대한 탑으로 우뚝 서 있다. 수영로384번길로 들어선다. 나지막한 남천파크맨션이 고층 아파트들과 대조를 이룬다. 아파트란 주거 형태가 우리 곁으로 발을 들이밀던 1980년대 초에 지어진 맨션이다. 여기도 '재개발' 현수막이 붙어 있는 걸 보니 언제 그 모습이 사라질지 모를 형국이다. 아파트 앞 '100년 떡방'의 상호마저 위태롭게 느껴진다.

남천파크맨션이 끝나는 지점에서 왼쪽 길로 접어든다. 동화맨션 쪽으로 접어들면 꽤 넓은 사거리를 만난다. 과거에 해변 마을 사람들이 만나 소통하는 광장이 아니었을까 하는 짐작이 든다. 팽나무 보호수(수영구 남천동 199-1)도 이곳이 어촌 포구였음을 보여준다. 수령 400년 이상으로 추정하는 이 나무는 당산목으로 마을의 안녕과 번영을 지켜주는 구실을 했다. 여기서 매년 음력 10월 2일에 남천동 당산제가 열린다. 2001년 도로 공사 때 주민들이 힘을 합쳐 이 나무를 지켜냈다.

근처에 있는 남천리팥빙수도 명소다. 미식가들 사이에 부산 3대 팥빙수 중 한 곳으로 꼽히는 맛집. 대나무와 통나무로 가득한 독특한 외양이 그 내부를 더욱 궁금하게 한다. 옛 자연 마을에 자리하는 것도 특징이다. 역시 맛에는 세월이란 양념이 들어가야 하나 보다.

언덕으로 올라간다. 이 일대의 본래 이름은 중골산. 이 야산은 높이가 낮고 생김새가 워낙 맥이 없어 예로부터 죽은 용으로 불렀다고 한다. 사람들은 '죽은 골산'이라 했는데, 이것이 음이 변해 '중골산'이 됐다는 설이 내려온다.

이처럼 만만하게 보인 탓인지 1970년대에 정상부가 몽땅 잘리는 수모를 당하고 만다. 대규모 아파트 단지를 세우려는 목적이었다. 건설업자는 중골산의 살과 뼈로 앞바다를 메워 삼익비치타운아파트를 지었다. 땅 깎기로 중골산에 생긴 평지에도 역시 다른 삼익아파트가 시리즈로 들어섰다. '삼익'이란 보통명사가 가문의 성姓처럼 타워, 빌라 등에 붙여진 곳이다.

세월이 흘러 그 아파트들이 낡으니 재개발 바람이 불었다. 그 바람에 돈 냄새가 실려 왔다. 중골산에서 이제 '삼익'이란 이름도 찾기 어렵다. 삼익아파트, 삼익빌라, 삼익타워아파트라는 이름은 보이지 않고 하늘채골드비치, 금호어울림더비치, 남천자이만 하늘 높은 줄 모르고 들어서 있다.

삼익비치타운아파트도 곧 같은 처지가 될 전망이다. 부산의 재건축 '대장주'로 꼽히며 조만간 공사가 들어간다. 33개 동 3천60가구 규모의 단지를, 최고 61층의 초고층 아파트 단지로 재건축한다. 역대 부산 최고 분양가를 경신할 뿐만 아니라 서울 강남권도 위협하는 가격이 예상되고 있다.[3]

삼익비치타운아파트 너머로 푸른 바다가 눈에 들어온다. 광안대교(다이아몬드브릿지)도 아파트 간을 잇는 듯 가로지른다. 앞으로 삼익비치타운을 재개발해도 그런 조망이 가능할까 하는 의문이 문득 떠오른다. 대나무들은 더 많은 햇빛을 차지하기 위해 자란다. 아파트가 하늘 높은 줄 모르고 치솟는 원인은 볕이 아니라 돈이다.

3   2023년 2월 2일 KNN 방송 내용

곧 재건축에 들어갈 삼익비치타운아파트.
아파트 사이로 보이는 바다와 광안대교 조망도 함께 사라질지 모를 일이다.

Ⅱ. 망각을 바라는 흔적 유실의 현장

남천해변시장이 길가에 서 있는 이유

　　다시 수영구청 옥상에 올랐다. 중골산의 변화상을 보고 싶었다. 하지만 눈 아래에 있었던 광경은 온데간데없다. 구청 옥상보다 더 높아진 아파트들이 구청사를 되레 내려다보고 있으니. 내 머리 위로 훌쩍 커 버린 조카들을 보고 놀랐던 일이 되살아난다.

　　수영구청 정문에서 왼쪽으로 난 소로로 내려간다. 3층짜리 꼬마 '삼익연립'이 서 있다. 이 건물이 굽은 소나무처럼 '삼익'이란 이름을 지키지 않을까 하는 생각을 해 본다. 곧 광남초등학교 담벼락이다. 돋보기를 들고 무언가 관찰하는 아이를 그린 대형 그라피티가 그려져 있다. 이 그림이 더 널리 알려진 사연이 흥미롭다. 2013년 미국 연방의회 미술대회 1등 작품이 이 그라피티를 표절했다는 의혹이 제기됐던 것이다.

　　중골산 흙과 돌로 메운 매립지에 세워진 삼익비치타운 아파트로 들어선다. 광안리 해변 반대쪽이다. 이제부터 본격적으로 옛 해안 길을 걷는다. 앞으로 가는 길 바깥쪽을 싹둑 도려내면 옛 해변이 복원되는 셈이다. 광안해변로를 따라 걷는다. 얼마 안 가 폐허 상태인 매머드풀장 옆을 지난다. 한때 부산 최고의 물놀이장이었던 삼익야외해수풀장이다. 입장 요금과 공지 사항이 적힌 녹슨 안내판에 만사 덧없음을 새삼 느낀다.

해수풀장 끝에서 오른편 황령대로489번길을 따라간다. 우측 언덕 위로 새로 선 남천자이아파트가 보인다. 언덕은 바다 매립 전에 해안 절벽이 있었다는 지리적 증거다. 중골산 위에서 난바다로 뱃일을 떠나는 낭군의 무사 안녕을 비는 여인 마음을 도대체 짐작하기 어렵다. 고층 아파트로 즐비한 도시의 화려함이 갯마을 심상을 그렇게 산산이 조각낸다. 뉴비치아파트와 수영구노인복지관을 지난다.

곧이어 만나는 남천해변시장이 옛 해안 길 존재 사실을 극명하게 드러낸다. 매립 전에 형성된 시장이 아직도 그 이름을 유지하고 있는 것이다. 외지인이라면 "내지에 웬 해변시장이냐"는 물음이 튀어나올 만하다. 아직도 갯마을 특유의 돌담과 골목길들을 볼 수 있다. 해변시장 맞은편에 원조 맛집 두 군데가 있다. 남천할매떡볶이와 빵집 옵스이다.

바다 사수 나섰던 수산대 사연

요즘 보기 힘든 육교 위로 황령대로를 넘는다. 1984년 매립지에 세워진 대연비치아파트도 재건축이 한창이다. 아파트 골조 공사가 마무리 단계인 것으로 보인다. 옆으로 흐르는 옛 해안 길로 접어든다. 우리나라 정치사를 거론할 때마다 빠지지 않는 장소인 초원복국집을 지나니 남천중학교 교문이 나온다. 옆으로 나오면 부경대학교 내 워커하우스와 만나는 뒷문으로 들어간다. 부경대 전신 수산대 시절에는 워커하우스가 바닷가에 있었다. 이 건물은 한국 전쟁 당시 미8군 사령부의 지휘 본부였다. 당시 낙동강 방어선이 가장 위급했던 18일 동안 전쟁을 지휘한 워커 장군과 참모들이 머물렀던 역사의 현장이다.

워커하우스를 지나 부경대 교정을 가로지른다. 바다가 보이지 않는다. 하지만 한때 부경대 전신인 수산대가 수변 수호에 목숨을 건 적이 있었다. 수산 자원을 공부하는 학교에서 바다를 빼앗길 수 없다는 결기였다. 이들이 지목한 바다 찬탈자는 인근에 있는 동국제강이었다. 공장용지를 점차 넓혀오자 위기감을 느낀 수산대가 대대적인 반격에 나섰다. 그 갈등이 얼마나 심했던지 1965년 당시 박정희 대통령이 수산대를 찾아 사태 수습에 나설 정도였다. 부경대는 산이 많은 부산에서 보기 드물게 평지 캠퍼스를 가지고 있어 다른 학교로부터 부러움을 사고 있다. 이렇게 되기까지 부경대인들이 흘린 땀을 생각하며 교정 내 옛 해안 길을 걸었다.

부경대를 나와 부산남부자동차 운전면허시험장 앞에서 용호로를 따라간다. 왼쪽에 들어선 거대한 엘지메트로시티아파트 단지 용지는 모두 바다였다. 그곳은 원래 동국제강 터다. 동국제강은 1961년 이곳 일부를 매입한 후 점차 매립을 통해 용지를 확장했다. 그 와중에 수산대와 충돌

한 것이다.

　이기대어귀삼거리를 건너 이기대공원으로 향한다. 도중에 '분개이야기'란 제목이 달린 안내문을 읽는다. 일제 강점기 이전에 그곳에 있었던 분개염전의 사연이다. 국내에서 질이 가장 좋은 소금을 생산하던 염전이었다는 설명이다. 그러나 지금은 아파트 단지, 환경 공단에 묻혀 흔적도 없이 사라져 버렸다.

　이기대성당에 못미쳐 왼쪽으로 난 길로 가면 섶자리다. 섶자리는 염생식물 갯잔디 같은 해초가 무성한 곳이라는 데서 유래했다는 설이 있다. 해초를 먹기 위해 물고기나 조개류가 많이 모이니 어업이 자연히 번성했을 터. 지금도 횟집이 즐비하다. 이곳 해안도 매립됐다. 그길로 가면 동생말에 이른다. 푸른 바다 위 광안대교와 초고층 빌딩 숲이 이뤄낸 마천루는 이국적인 풍광을 연출한다. 다리 힘이 남아 있으면 비경이 이어지는 이기대 해안 산책로를 걸어도 좋다.

● **길라잡이 포인트**

| 도시철도 2호선 남천역-중골산-수영구청-부경대학교-동생말

4
개발 욕망에 스러지는 '근대의 향기'

초량길

사라져 가는 곳을 옆에 둔 사라지지 않는 곳의 존재는 두드러진다. 이미 사라진 곳을 사라지지 않았던 때로 되돌리는 현장이 주위에 있다면, 그 대비는 더 선명해진다. 재개발과 보존이라는 양면성을 놓고 벌어지는 선택은 노도에 신음하는 해안선처럼 고뇌스럽다.

초량천 복원지 양쪽에서 그런 양상이 전개되고 있다. 구봉산을 바라다본다. 눈을 오른편으로 돌린다. 거대한 아파트들이 수두룩하다. 기존 가옥을 무너뜨리고 아파트를 올리는 재개발의 결과물들이다. 반대편은 고요하다. 건너편 물결이 언제 파도가 되어 덮칠지 모르지만.

그 속으로 들어가는 나는 수륙양용기를 타는 기분이다. 바다와 육지처럼 이질성을 지닌 양 지역으로 들어가는 까닭이다. 원도심의 참다운 미래상이라는 화두도 납덩어리처럼 무겁기만 하다. 갈 길마저 걱정이다. 노련한 조력자가 아쉽다. 에이허브 선장이 모비딕을 잡기 위해 피쿼드호에 몰래 태운 특등 작살잡이 페들러처럼.

가림막 속으로 사라진 마을들

　도시철도 1호선 초량역 3번 출구가 출발점이다. 도시철도 역사에 걸린 '초량동'이란 이름의 유래를 꼼꼼히 읽는다. 성당 앞을 지난다. 천주교 교구 최초의 혼인 미사 특화 성당인 부산가정성당이다. 그 터는 부산교구의 '첫 성당 부지'라는 상징성도 있다. 1899년에 '부산성당'이 건립됐던 곳이다. 수정동 방향으로 걷는다. 고관로 도로 좌측에 새로 지어진 고층 주상 복합 건물들이 위태롭게 서 있다. 2018년에는 못 보던 풍경. 걸어가는 사람을 차로로 밀어낼 태세다. 그만큼 도로와 밀접하게 세워졌다. 한 치의 땅도 손해 보지 않겠다는 듯이.

　이 아파트들은 낡은 주택을 들어낸 자리에 지은 것들이다. 완공된 아파트에 몇 명의 원주민이 되돌아올 수 있을까. 운이 좋아 고층 주택의 한구석을 차지하더라도 그게 옛 둥지일 수 있을까. 우산도 펴기 어려운 미로 같은 골목길을 눈감고도 다닐 수 있었던 그들이다. 추억이 무너진 빌딩 숲에선 은둔만이 남을지도 모를 일이다.

문화재청 등록문화재의 신음도 들린다. 부산 역사가 오롯이 담긴 보물 창고로 평가받는 일명 '다나카 주택'. 이 가옥은 아파트 단지에 포위돼 있다. 그 앞길은 정다운 골목길이었다. 부산 동구 수정동에서 부산역까지 산책을 즐기던 사람들의 보고였다. 하나, 지금은 아파트 지하 주차장으로 들어가는 커다란 입구가 입을 크게 벌리고 있다.

경남여자중학교 담을 타고 돌아나간다. 오 년 사이에 새로 들어선 아파트들이 즐비하다. 재개발을 위해 집들의 뿌리까지 들어낸 자리다. 산복도로에 있는 수정아파트의 바다 조망권을 빼앗은 그 거인들이다. 중앙도서관 수정 분관이 시선에 잡힌다. 아파트촌 도서관으론 아무래도 좁아 보인다.

경남여중 일대를 서둘러 떠난다. 구봉성당 쪽으로 올라간다. 그 경로에 일본식 주택이 세월의 더께를 덮고 앉아 있다. 다행히 불도저 날을 피한 모습이다. 구봉성당 앞 도로는 초량천 상류 복개로 생겨났다. 그 전엔 하천 변으로 집들이 다닥다닥 붙어 있었다. 방 한 뼘이라도 더 넓히려 하천에 말뚝을 박고 판자를 올려놓은 형태였다. 일종의 수상 가옥이 된 셈이다. 문제는 태풍이나 장마가 올 때였다. 하천 말뚝이 격류에 쓸려나가면서 방이 구들째 떠내려가는 경우가 비일비재했다. 1959년 사라호 태풍은 모든 걸 쓸고 갔다. 태풍이 지나간 후엔 집 경계마저 지워져 주민들이 곤욕

아파트로 둘러싸인 일명 '다나카 주택' 앞.
차도가 끝나는 아파트 주차장 입구는 추억을 간직한 골목길이었다.

을 치렀다고 한다.

재개발이란 지우개로 옛길 지우기

동일중앙초등학교를 통과한다. 경남여중 자리에 있던 중앙초교가 동일초교로 옮겨와 합쳐진 학교다. 원도심 인구가 감소한 결과였다. 두 학교 이름을 나란히 표기한 과정이 궁금하다. 산동네에서 평평한 학교 용지를 마련하기란 어려운 법이다. 그래서 저수지를 메워 평지를 마련하곤 했다. 동일중앙초교와 바로 위에 자리한 부산서중학교가 그런 경우다.

서중학교 옆 문에 담장을 따라간다. 유치환, 천상병, 김상옥 시인의 사진과 작품을 감상하며 걷다 보니 어느새 망양로에 올라선다. 낡은 이 층짜리 공동 주택이 발길을 잡는다. 1968년 건축된 초량시영아파트다. 단칸살이 집이 많던 시절에 아파트라 불리며 선망의 대상이 된 곳이다. 그 건물을 통해 당시 부산시의 주택 정책을 엿볼 수 있다. 하지만 그때의 화려한 날은 온데간데없다. 재난위험시설 지정 안내 표시판이 노란 얼굴을 하고 있을 뿐이다.

부산중·고등학교를 향해 망양로610번길로 내려온다. 초입이 급한 내리막이다. 버려진 듯 낡은 집과 손을 본 집들이 혼재된 풍경이다. '소막거리'라는 표지판이 보인다. 과거에 외양간이 많았나 보다. 초량6동 제2공영주차장으로 넘어가는 길은 아리랑고개로 불렸다. 민초들의 고단한 삶을 짐작할 수 있는 지명이다. 부산중학교와 부산고등학교 뒷길을 지나 만나는 사거리에서 우측으로 길을 잡는다. 다시 갈림길에서 부산컴퓨터과학고등학교 쪽으로 오르면 '달마갤러리' 나무 간판이 보인다. 이름처럼 법용 스님의 달마도를 전시하면서 차와 음식을 파는 곳이다. 한국 전쟁 당시 부산 시장 관사였고, 고 이승만 대통령도 자주 찾았다는 장소다.

갤러리에서 나와 초량육거리를 향해 내려간다. 옛 연화동마을의 이름을 딴 상호들이 자주 눈에 띈다. 초량 불고기 백반 전문 식당가가 내려다보인다. 1986년 그 일대에서 시작된 불백 메뉴는 가업으로 이어진다. 거기에 못미쳐 수정횟집 간판을 보고 그 안길로 파고든다. 이제부터 세월의 흐름에 쓸려가지 않고 남아 있는 옛길 조각들을 찾는 여정이다. 백 년 전 지도에도 나와 있다는 길들이다. 그 작업을 했던 팀에서 '백 년 전 길'이란 명칭을 붙였단다. 고색창연한 옛 담장과 옛길을 지름길 삼은 행인 사이를 겨우 빠져나온다. 아파트 공사장 옆길을 걷던 느낌과 완연히 다르다. 한없이 높은 재개발 현장 가림막과 까치발만 들면 마당이 언뜻 보이는 백 년 전 길 울담 간의 차이다. 과거를 뒤에 달고 다니는 현재가 장래를 꾸며 나가야 참다운 미래를 맞이할 수 있는 법이다. 재개발이란 지우개로 옛길을 싹싹 지워 버리

망양로에서 바라본 부산항.
아파트들이 가로막고 있어 바다 조망이 불가능하다.

는 건 개선이 아니라 자산을 버리는 행위다.

향수 자극하는 후각의 골목길

옛길을 나와 왼쪽에 있는 초량로를 횡단하면 대안한 의원을 만난다. 골목길로 접어든다. 뒷길로 밀려났지만, 옛 내음이 진하게 전해온다. 이 옛길을 벗어나면 복개를 벗겨 낸 초량천을 만난다. 편리와 속도를 위해 땅속에 묻혔던 하천을 다시 햇빛에 드러나게 했다. 무자비한 개발을 반성하는 현장이기도 하다.

부산은행 초량동지점을 지나자마자 골목으로 들어선다. 그곳을 나와 초량천에서 다시 옛길로 들어간다. 지그재그식으로 잇따라 골목길을 탐방한다. 명맥을 이어가는 여관과 유흥가, 상점들을 만난다. ㈜미화합동 앞을 지나니 구수한 된장, 간장 냄새가 코를 자극한다. 후각은 향수鄕愁의 원천이다. 마르셀 프루스트의 소설『잃어버린 시간을 찾아서』도 그렇게 탄생했다.

하나은행 초량지점 앞을 지나 도로를 건넌다. 중앙대로 뒷길로 들어간다. 60m 정도 걷다가 초량전통시장 쪽으로 방향을 튼다. 시장통으로 나온 후 산 쪽으로 향하면 초량중로이다. 골목길 모두 백 년 전에도 있었다는 옛길이다. 초량중로에 있는 은하갈비와 초량죽집은 수십 년의 전통을 자랑한다.

초량한의원에서 윗길을 택한다. 초량성당이 곧 눈에 들어온다. 성당에 못미처 고샅길로 들어간다. 죽림동마을길이다. 도심지에서 보기 힘든 자연 부락이다. 큰 대밭이 있어 그런 이름이 붙었다. 원불교 초량교장 위에 있는 죽림공동체에 들른다. 주민 공동 사업장이다. 장아찌, 강정, 뻥튀기 등 판매 상품이 어림잡아 스무 가지가 넘는다. '단술 한 잔 1천 원'이란 표지판이 정겹다. 재개발 공사 광풍에 휩쓸리지 않기를 바라는 마음을 마을에 남겨둔다.

168계단과 모노레일이 지척이다. 소림사로 향한다. 무술승이 있을 법한 사찰 이름이어서 흥미를 끈다. 1913년에 창건한 절이다. 한국 전쟁 때 학생 신분으로 참전했다가 다친 250명의 재일 학도의용군이 치료를 받았던 곳이다. 사찰을 나와서 초량교회로 향한다. 'Since 1892 한강 이남 최초의 교회'라는 설명이 눈에 띈다. 설립자 윌리엄 베어드의 이름을 딴 베어드관이 교회 뒤편에 서 있다. 그 앞으로 조성된 '초량 이바구길'이 흥미롭다.

초량초등학교 정문을 지나 이바구길 안내문이 달린 좁은 길로 내려선다. '이바구 문방구', '이바구 쌀 상회'가 재밌다. 그 길로 쭉 내려가면 등록문화재인 구 백제병원 건물에 닿는다. 그곳을 지나 더웨이호텔 옆으로 난 좁은 길도 옛길이다. 도시철도 부산역 7번 출구와 경부선 부산역이 시야에 들어온다.

길라잡이 포인트

도시철도 1호선 초량역-다나카 주택-초량시영아파트-초량천-
구 백제병원

5
갈잎… 모래톱… 추억과 함께
콘크리트 밑으로

신평역~에덴공원

사라진 추억의 장소를 찾은 후 밀려드는 심정은 안타까움이다. 그 옛날 동행한 사람이 어디선가 불쑥 나타나 손을 잡아줄 것만 같다. 순간 손바닥이 따스해 오지만, 곧바로 환상임을 깨닫는다.

낙동강 하구에서 그런 통증을 느낀다. 아무리 둘러봐도 예전 모양새는 흔적조차 찾기 어렵다. 강줄기는 흐르고 있으나, 함께 출렁이던 갈대숲은 온데간데없다. 낙동강 하굿둑은 강물만 막은 게 아니라 갈대도 삼켰다. 강변을 매립해 공장 용지와 택지를 대대적으로 조성한 것이다. 청춘의 추억은 그렇게 갈잎과 함께 콘크리트 밑으로 묻히고 말았다. 석양을 안고 다리를 건너 갈대숲을 거닐었던 기억조차 의심스럽다.

동매산을 기준으로 그 자취를 찾을 수 있다. 동매산

은 예전엔 강물에 발을 담갔으나 이제는 낙동강에서 한참이나 멀어진 산이다. 키 큰 아파트들이 들어서서 까치발을 해야 겨우 강을 볼 수 있는 신세가 됐다. 그 사이가 매립지다. 그 산봉우리를 바라보며 과거와 현재의 지형 변화를 가늠한다. 안개 속을 헤쳐 나가듯 아파트 숲속에서 실종된 갈대 길을 좇았다. 바람에도 흔들리는 갈대의 순정이 어찌 인간 탐욕을 견뎌낼 것인가. 이번 재답사 때도 여전히 과거에 입은 엄청난 상처를 확인하고 함께 아파하는 심정은 변할 수 없었다.

영원히 사라진 낭만의 섬

도시철도 1호선 신평역 7번 출구에서 출발한다. 야트막한 동매산 자락이 눈에 들어온다. 1980년대 이전엔 그 산 아래가 강이었다. 강 메움은 낙동강 하굿둑 공사와 더불어 이뤄졌다. 자연의 곡선을 불편해하고, 구태여 직선으로 그어야 직성이 풀리는 도구적 이성의 발로이다. 그런 까닭에 천겹의 세월로 빚어진 시온섬과 복판등 모래톱이 영원히 사라지고 만다. 앞으로 하굿둑이 열려도 옛 지형으로 되돌릴 방법이 없다. 자연을 잘못 건드려 나타난 비참한 후과를 절감한다.

하단포구 앞에서 신평으로 길게 뻗은 시온섬은 환상

의 섬이었다. 황금빛 낙조와 그 빛에 반사된 갈대숲은 낭만을 찾던 젊은이들에게 더할 나위 없는 장소였다. 청년 시절에 그리 보았던 붉은 노을빛이 중년에 들어서 더 선명해질지도 모른다. 이글거리는 불덩이가 사라짐이 아니라 싱그러운 생명력으로 다가올 수 있는 것이다. 1970~80년대에 시온섬을 을숙도로 알고 데이트를 한 아베크족도 많았다. 배에 몸을 실어 강을 건너지 않았다면, 그럴 개연성이 높다. 배를 타지 않고는 을숙도에 갈 수 없었던 시기였다. 그곳으로 가던 똥다리에서 맡은 구린내의 기억도 반추해 볼 일이다. 대티고개에 들어선 분뇨 수집장에서 수집된 내용물이 관을 따라서 흘러 흘러 낙동강에 방출되던 시절이었다.

가락타운아파트 쪽으로 발길을 잡는다. 가는 방향 왼쪽이 매립지 위에 세워진 시설들이다. 먼저 단독주택 단지를 만난다. 평지와 직선 골목에서 마을 조성에 들어간 인위성을 엿본다. 하남초등학교 울타리에서 하신중앙로 너머 산 위로 신남초등학교가 보인다. 그곳으로 가는 건널목이 추억의 구름다리 자리로 추정된다. 강변 매립 이전으로 되돌아간다면, 시온섬에서 동매산을 쳐다보는 셈이다. 도로명은 하단과 신평의 글자 첫머리를 따서 붙인 모양이다.

학교 담을 따라 하남초교와 가락타운3단지아파트로 나 있는 사잇길로 들어선다. '도시바람길숲'이란 표지판이 붙어 있다. 아파트와 학교를 잇는 홍예다리 밑을 지난다. 주

변 아파트들이 층수보다 훨씬 높아 보인다. 터를 높이 지은
매립지 아파트 단지의 특성이다. 집을 지은 지 30년이 넘어
서 그런지 가로수들이 울창하다. 나무 그늘을 머리에 이고
가락타운 2·3단지 중간으로 달리는 하신번영로를 걷는다.

돌탑으로 덩그러니 남은 하단포구

하단유수지에 조성한 주민어울림마당을 통과해 하단
포구에 이른다. 낙동강에서 들어와 앉은 포구에 작은 배들
이 정박해 있다. 웅어축제가 연상되면서 입 안에 침이 고인
다. 초장으로 비빈 웅어회를 다시 쌀밥에 비벼 상추에 싸서
먹는 비빔쌈밥은 별미 중 별미다. 하단포구의 본디 자리는
지금보다 더 안쪽이다. 강변 매적으로 원래 포구가 사라지
면서 새 포구가 열린 것이다.

괴정 2교를 건너 만나는 괴정천을 따라 오른다. 다시
만난 하신번영로에서 오른쪽으로 돈다. 하단포구 표시판 너
머 좁은 길로 들어간다. 동매로로 나와 150m가량 동쪽이 햇
님공원이다. 그곳이 바로 옛 포구 자리. '하단포비下端浦碑'라
새긴 커다란 표시석이 서 있다. 비석 아래에 빽빽이 새겨진
글월을 찬찬히 읽는다.

개지히 흘러온 낙동강의 토사가 넓은 모래톱을 만들

었나니 이름하여 하단포. 소금과 미를 교역하며 객주업과 소매업이 번창하고 큰 장터가 열렸던 곳. 그리하여 부산항 개항으로 모든 물자가 집하되어 내륙 지방으로 운반되던 물류의 중심지였다. 이제 뱃사공의 애환도 재첩의 맛도 가뭇없이 사라졌나니 차마 이곳에 역사의 기록으로 돌탑 하나를 세우다.

그랬다. 지금 조그마한 공원이 되었지만, 하단포구는 아름답다는 말을 듣던 곳이다. 야트막한 수심과 주변의 갈대숲이 어우러져 드러나는 자태였다. 사람들은 강 포구를 헤집고 다니던 돛단배와 노 젓는 배로 만남과 이별을 치렀다. 영남 일대에서 생산하는 소금과 벼, 재첩 같은 물자들이 하단포구에 모여 하단장에서 거래됐다. 그렇게 흥청거리던 하단나루터는 1933년 구포다리 건설로 쇠퇴하더니, 1987년 낙동강 하굿둑 건설로 일대가 매립되면서 사라지는 운명을 맞게 된다.

하단포비를 떠나 하신중앙로를 따라 횡단보도를 건넌다. 재첩국집이 눈에 띈다. 그리 많았던 재첩 식당들이 다 사라지고 마지막으로 남은 곳이다. 오 년 전과 똑같이 '섬진강'을 달고 있다. 낙동강이 이름마저 숨겨야 할 처지가 됐다는 씁쓸함을 지울 수 없다.

하단초등학교 앞에서 괴정천을 덮은 괴정로를 넘어 대

암맨션을 지나 마을로 들어간다. 하단본동으로 들어가는 발길이다. 본동이라는 이름에서 짐작하듯이 하단 본토박이들이 사는 곳이다. 신축 주택과 옛 주택이 섞여 있는 모습에서 마을을 지탱한 시간을 짐작한다. 지금껏 걸어온 매립지 부락에서 맡지 못했던 기운을 느낀다. 동네 구경을 하다가 원불교 하단성적지에 들른다. 1931년 세워진 영남권 최초의 교당이 있는 곳이다. 우물과 장독대가 있는 옛집이 정겹다. 현대식 건물로 지어진 원불교 부산역사기념관을 둘러본다.

근처에 있는 하단장으로 발길을 옮긴다. 현재 정식 명칭은 하단오일상설시장. 하단포를 기반으로 발전한 장시이니 기원이 조선 시대까지 거슬러 올라간다. '130년 전통의 도심 속 하단오일장'이라는 시장 전광판 내용이 허풍이 아닌 것이다. 하단 지역만 아니라 인근 김해 대동, 대저, 녹산, 명지에서 들어오는 농산물과 생필품으로 넘쳐나던 곳이다. 부산장, 구포장, 동래장과 함께 부산을 대표하는 시장으로 이름을 날렸다. 재래시장 위축으로 옛 영화는 사라졌지만, 오일장(2, 7일 방식) 때는 사람이 꽤 붐빈다.

시장을 나와 도시철도 1호선 하단역 건너에 있는 '아트몰링' 뒤편으로 방향을 튼다. 쇼핑몰이란 '아트몰링' 소개판에 새겨진 패션그룹형지 최병오 회장의 인사말이 이채롭다. 40여 년 전 하단의 한 소년이 어른이 되어 고향을 위해 쇼핑몰을 지었다는 내용이다. 애향심이란 감성에 착 달라붙는 홍보 문구라는 생각이 든다.

기억 속에만 남게 된 '솔바람음악당'

이 일대도 1970년대 하단토지구획정리사업 이전에는 갈대숲 천지였다. 그 갈대 바다의 섬 같은 장소였던 에덴공원이 지척이다. 지금은 빌딩과 빌라, 개인 주택만이 빼곡할 뿐이고 갈잎 하나 찾을 길이 없다. 에덴공원이 건물에 둘러싸인 형상이다. 그곳의 역사는 백준호 씨가 1953년 야산을 매입하면서 시작한다. 백씨는 일대 3만 평을 사들인 후 창세기의 에덴동산을 연상케 하는 '에덴원'이란 이름을 붙인다. 그는 개발을 줄이고, 산에 나무를 심어 에덴원을 도시인의 휴식처로 조성했다. 이후 많은 이들을 찾게 되었고, 자연스레 에덴공원으로 불렀다.

에덴공원 남쪽 언저리를 돈다. 도중에 호산나교회에 들른다. 강서구 명지동에 있는 호산나교회가 본래 있던 곳이다. 현재 하단성전으로 불리며 복지 재단과 부속 예배당으로 사용되고 있다. 길메리유치원 앞에 선다. 이 건물은 1986년 열린 제2회 부산건축대전에서 동상을 받았다. 백준호 씨의 아들 백광덕 씨가 음악실 '강변'을 연 자리이다. 갈대만 무성하고 인적이 드물었던 에덴공원 주변은 그 이후로 음악 천국이 되었다. '강변'에서 음악 감상회와 각종 전시회가 연이어 열렸고, 뒤이어 들어선 강나루, 하늘목장, 대학촌 등 20여 개의 주점에서도 음악 소리가 끊이지 않았다. 백광덕 씨의 동생 성수 씨도 강변 옆에서 '강촌'을 연다. 음식점을 겸한 팝송 감상실이었다. 형제의 전성시대가 열린다.

아무리 둘러봐도 그때의 흥취를 느낄 도리가 없다. '강변' 앞까지 작은 배가 오고 갔다는 물길은 상상조차 할 수 없다. 비가 오면 도저히 걸을 수가 없는 진창길에 목판을 깔고 통행료를 받았다는 얘기는 더 믿기지 않는다. 1970년대 말 갈대밭이 매축 되면서 '강변'과 '강촌'도 철거되는 운명을 피하지 못한다. "낙동강 갈대밭이 남아 있었다면 훨씬 장관일 텐데…." 순천만 갈대밭을 찾은 부산 시민 누구나 내뱉는 탄식이다.

백광덕 씨는 에덴공원 꼭대기에 '솔바람'을 다시 열게 된다. 이 고전음악당을 향한 부산 문화·예술인의 사랑은 '강변' 이상이었다. 첫 답사 때와는 달리 지금은 집터만 남아 있다. 야외음악당에 홀로 놓인 피아노와 음악으로 산중을 적셨을 스피커도 보이지 않는다. 부산시의 에덴공원 정비 사업 계획의 결과이다. 그 자리에 솔바람문화센터가 들어설 예정이다.

이제는 둘레길을 조성하고 체육시설을 만들어 주민들이 찾는 장소로 변했다. 부산시는 에덴 유원지를 을숙도, 몰운대, 다대포해수욕장 등 주변 관광자원과 연계해 발전시켜

위 | 2018년 첫 답사 때 있었던 '솔바람음악당' 표지판.

아래 | 집터만 남아 있는 '솔바람음악당'. 이 부지에 솔바람문화센터가
들어설 예정이다.

나갈 방침이다.

에덴공원 정문으로 내려와 동아대 승학캠퍼스 아랫길로 걷는다. 을숙도초등학교를 지나니 하단동 SK아파트이다. 과거 동산유지공업이 있던 자리이다.

길라잡이 포인트

도시철도 1호선 신평역-하남초등학교-하단포구-하단오일상설시장-에덴공원

6
문학·음악의 낭만도 그만
재개발 굉음에…

일광면 해안가

어른 아이 할 것 없이 온 동네 사람들이 밤바다에 몰려나와 후릿그물을 당긴다. 묵직하게 멸치가 담긴 그물이 해변에 닿을 즈음에 격동의 은빛 세계가 펼쳐진다. 찰랑대는 바다 물결을 능숙히 다루며 윤슬을 이루는 월색이지만, 멸치 등에 올라서는 어찌할 줄을 모른다. 사방으로 튀어 오르는 멸치의 격렬한 몸부림에 달빛조차 그물 밖으로 튕겨 나가는 것이다. 그토록 퍼떡이는 월광을 보았던 바다 소녀는 어른이 되어서도 그 장관을 잊지 못한다. 동해 포구에서 성장한 사람이라면 누구나 지니고 있을 기억이다. 부산 기장군 일광 앞바다는 그 장면을 상기시켜 준다. 멸치 후리질이 고갱이인 소설 「갯마을」의 무대가 일광 어촌이다. 이 작품은 주인공인 해녀 해순의 원초적인 욕망과 고단한 삶을 고스란히 담고 있다.

거친 바다에서 돌아온 사나이의 휴식은 진하다. 생명을 담보로 한 뱃일이 언제 끝날지 몰라서다. 먹빛 바다가 고기떼로 하얗게 변할 때면 남자는 육지에서 사라진다. 그가 쉬었을, 그야말로 옛날식 다방에서 가수 최백호는 「낭만에 대하여」를 목 놓아 불렀다. 그런 삶에서 아쉬움이 배어나고, 낭만이 피어나는 것이다. 밍밍하고 무료한 일상에선 비루함이 남을 뿐이다.

그런 일광 바다가 변하고 있다. 아니, 변했다. 배후에 신도시가 이미 들어섰고, 바닷가에 대규모 아파트 단지가 착공을 목전에 두고 있다. 인공물로 가득한 해운대를 닮아가는 것이다. 부산 동쪽 바다 어촌의 전형적인 모습을 찾았던 다섯 해 전 보행이 이제는 버겁다.

'낭만에 대하여' 가사가 지워진 사연은

'서西로 멀리 기차 소리를 바람결로 들으며, 어쩌면 동해 파도가 돌각담 밑을 찰싹대는 H라는 조그만 갯마을이 있다.' 이처럼 소설 「갯마을」 첫 구절에 나오는 그 기차가 닿고 떠나는 곳이 일광역이다. 우리의 출발점이기도 하다. 동해선 복선 개통으로 역사가 으리으리해졌다. 옛 모습은 온데간데없다. 역사를 나오면서 순간적으로 갈 곳을 잃어버릴지 모른다. 역 뒤편으로 이어지는 일광신도시는 오랜만에 찾은 방문객의 입을 벌리게 한다. 도시철도 역할을 하면서 역 주변이 하루가 다르게 변모하는 중이다. 상전벽해라는 말이 절로 생각난다.

　　사거리를 건너면 이천교가 목전이다. 그 주변 어디쯤 최백호의 히트곡 「낭만에 대하여」의 배경 무대였던 소라다방이 있었단다. 궂은 비 내리는 날 도라지 위스키 한 잔을 앞에 놓고 낭만을 노래하던 그 다방이다. 그야말로 옛날식 다방이던 소라다방이 문을 닫은 지 10년이 다 돼 간다. 새빨간 립스틱에 나름대로 멋을 부린 마담을 보고 싶었던 기대가 신기루처럼 사라지는 듯하다.

　　그 아쉬움은 여기에 그치지 않는다. 이천교를 넘기 직전 왼쪽으로 방향을 틀어 일광천변을 걷는다. 250m 거리에 있는 이천가화교에 이르니 눈을 의심하게 된다. 2018년 방문 때는 가수 최백호의 다리라고 해도 과언이 아니었다. 일광초등학교 출신인 최백호의 자취가 곳곳에 뿌려져 있었다. 그의 옆얼굴로 시작된 교량은 노래 「낭만에 대하여」 가사로 이어지고 끝을 맺었다. 바닥 한쪽에 새겨진 가사 전곡을 따라 부르면서 다리를 건넜다. 하지만 지금은 그 가사는 다 지워져 버렸다. 세월의 지우개가 작동했는지, 사람의 심정이 변했는지 알 길이 없다.

　　다리는 건너 이천지구 토지구획정리사업지로 들어선다. 평평한 부지 위에 아파트와 새집들이 차곡차곡 세워지

2018년 첫 답사 때 이천가화교에는 가수 최백호 얼굴 사진과
「낭만에 대하여」 노래 가사가 적혀 있었다.

고 있다. 마을을 휘적휘적 돌아다니다 다시 일광천으로 나
온다. 가마골소극장으로 가기 위해서다. 올해 연극 일정을
붙인 대형 현수막이 걸려 있다. 눈에 익은 배우의 이름도 보
인다. 고난에 굴하지 않은 의지로 읽힌다. 다시 명성을 되찾
아 일광의 명물이 될 수 있을까.

해안가도, 산 위도, 온통 상처투성이

이천교 방향으로 향한다. 다리를 건너지 않고 반대로

　　　　　　　　Ⅱ. 망각을 바라는 흔적 유실의 현장

몸을 돌린다. 좌측에 찐빵집들이 늘어서 있다. 하천 건너편 아귀찜 식당에서 식사하고 다시 단팥이 담뿍 든 찐빵을 한 봉지 사서 먹던 기억이 난다. 배가 부르다면서도 자꾸만 뱃속으로 들어가던 찐빵의 맛이란. 이전에 줄을 서던 곳은 한산하고, 그때 한산하던 곳은 붐비는 형상이다. 잠깐의 관찰이라 틀릴 수는 있으나 경쟁은 치열한 것 같다. 그럴수록 빵맛은 더 좋아지겠다는 생각에 미소가 번진다.

일광로를 따라 앞으로 나간다. 도로변에 수석집이 유난히 많다. 수석거리로 이름 붙일 만하다. 예로부터 일광에는 아름다운 수석이 많았다. 해석이라고도 불리는 돌은 이천리에서 이동항까지 가는 해변에서 주로 채취된다. 이천로를 따라 형성된 마을을 드나들며 옛집과 마당을 감상한다.

한국유리의 담벼락까지 올라간다. 아니, 이제는 한국유리공장이 아니다. 빛바랜 간판이 그 신세를 웅변 중이다. 건설업체에서 그 대지를 구매한 상태이다. 옛 공장 건물은 사라진 지 오래다. 곧 대규모 주거 단지가 조성될 예정이다. 지구 온난화로 해수면은 올라간다는데 사람이 살 집들은 바닷가에 자꾸 들어서고 있으니 참으로 희한한 일이다. 위성지도로 내려다보면 뒤편 산 표면이 온통 상처투성이다. 확대해 보니 예상한 대로 골프장이 들어서 있다.

그곳에서 이천항으로 내려와 콘크리트 제방 위에 서니 만감이 교차한다. 모래나 자갈이 깔린 시절의 해안은 시

대규모 주거시설이 들어설 예정인 옛 한국유리부산공장 대지.

II. 망각을 바라는 흔적 유실의 현장

쳇말로 사람 살 곳이 못 됐다. 파도가 약간만 쳐도 집 앞마당까지 바닷물이 올라왔으니까. 난계 오영수의 소설 「갯마을」에 나오는 '동해 파도가 돌각담 밑을 찰싹대는'이란 표현에서 그 형편을 짐작할 수 있다. 소금기를 품은 해무가 안기는 피해 또한 만만치 않았다. 그러나 지금은 바다 조망이 으뜸인 세월이다. 웬만한 파랑은 거뜬히 막아내는 콘크리트 제방도 일조한 현상이다.

이천 해녀복지회관을 지난다. 보재기(해녀)의 딸이었고, 물일에 능했던 「갯마을」의 주인공 해순이를 다시 떠오르게 하는 건물이다. 이천항 방파제 등대 위에 선다. 저 멀리 학리포구가 눈 가득히 들어온다. 일광 앞바다는 영락없이 영문자 'C' 형태다. 천혜의 어항이 아닐 수 없다. 방파제에서 되돌아 나오자 옛 한국유리 담벼락을 타고 이동항까지 가는 해안 길이 해파랑길 리본을 흔들며 유혹한다. 갈 길이 있다며 손사래를 치고 반대 방향으로 길을 잡는다. 이천항을 걷다가 돌비석 하나를 발견한다. 「갯마을」의 현장을 알리는 비석이다. 소설 속 한 구절을 새겨 놓았다. 비석이 작아서 지나치기 쉬우니 유심히 살펴야 한다.

이어 이천회센터와 그 뒤에 울창한 이팝나무 군락을 지나면 강송교다. 다리를 건너지 않고 우측으로 가면 소나무 군락지인 강송정충효공원이 나온다. 교량 이름도 거기서 유래했다. 공원 뒤편 골목길에 있는 집 담벼락에도 「갯마을」의 일부 내용이 쓰여 있다. 줄을 쳐 말려놓은 미역과 궁합이 척척 들어맞는다. 강송교를 건넌다. 이제부터 일광면 삼성리다. 다시 오영수문학비를 만난다. 작가 얼굴이 새겨져 있고 그의 태생지, 문학 세계 등을 국문과 영문으로 설명해 놓았다.

도로가에 위태롭게 서 있는 삼성대

일광해수욕장 백사장으로 향한다. 해변을 걷다가 무지개다리 지점에서 일광역 길을 따라 일광로 근처까지 올라간다. 삼성 마을 표지석을 확인하기 위해서다. 빼어난 경치에 반해 세 명의 성인이 쉬었다 간 삼성대三聖臺에서 마을 이름을 땄다는 설명비를 읽는다. 일광역의 옛 이름이 삼성역이었다는 사실에서 이 마을의 오랜 전통을 느낀다.

삼성대를 찾기 위해 다시 해변으로 나온다. 해변을 따라 걷다가 카페 투썸플레이스 매장을 만난다. '부산다운 건축상' 금상을 받은 건물이다. 그 직전에 조그마한 둔덕이 놓여 있다. 도로와 평지 사이에서 위태롭게 서 있는 모습이다. 그 둔덕이 바로 삼성대라니 놀라울 뿐이다. 해변을 벗어나 기장 해안로 방향으로 나가니 삼성대를 알리는 비석이 우두커니 서 있다. 삼성三聖의 유래에 대해선 여러 갈래의 얘기가 전해 내려온다. 그 옆으로 고산 윤선도가 지은 증별소제

贈別少弟를 새긴 시비가 눈길을 끈다. 기장 바닷가에서 귀양 살이하던 그가 1621년 삼성대에서 동생과 만나 헤어지면서 지은 시 2편이다. 해변에도 삼성대 안내판이 놓여 있다. 고산의 존영尊影도 함께.

해안에 길게 놓인 덱이 끝나는 지점에서 오른쪽으로 오른다. 학이 많이 살아 학리鶴里 마을이라고 불리는 곳에 닿는다. 학리항 방파제로 들어간다. 인근 바위 일대를 오영수 낚시터라고 부른다. 그가 이천 마을이 보이는 그곳에 낚싯대를 드리고 「갯마을」을 낚았다고 한다. 저 멀리 정면으로 이천항이 들어온다. 좌측으로 일광 해변이 맵시를 자랑하고 있다. 오 년 전 보았던 한국유리 굴뚝은 사라져 버렸다. 그 자리에는 더 높고, 더 큰 인공 덩어리가 들어서겠지.

길라잡이 포인트

| 동해선 일광역-이천가화교-이천항-삼성대-학리마을

7
비워지는 100년 기억의 창고

민락동 옛 해안 길

짠내는 진하디진하다. 오랜 세월에 스며든 갯내음이다. 소금기 가득한 바닷바람에 농도 짙은 어부의 땀이 밴 체취이기도 하다. 부산 수영구 민락동 매립지 여정은 이처럼 후각의 길이다. 원초적이고, 생리적인 감각이 되살아나는 노정인 것이다.

그 깊이는 뱃사람과 해녀의 이마에 맺힌 굵은 주름과도 같다. 바다 등을 타고 사는 사람들의 생명력은 그토록 끈질기다. 아무리 앞바다가 메워지고, 도시화 물결이 몰아쳐도 좀처럼 사라지지 않는 저력이다. 바다가 생계 터전인 이들이 건재하고 있어서다. 하지만 자본과 세월 앞에서는 장사가 없나 보다. 이번 재답사 역시 그걸 절감하는 발길이었다.

화려함이 흔한 곳에선 소박함이 귀해

"주택가에 이처럼 넓은 버스 차고지가 있다니…." 시내 버스 41번과 83번 종점인 용화여객(부산 수영구 민락본동로 19번길 51) 마당에 들어서면 탄성이 절로 나온다. 왕복 4차로를 벗어나 차 한 대가 겨우 지나갈 좁은 길을 버스가 곡예하듯 지나 도착하는 곳이 바로 이 차고지다. 과거 이곳이 허허벌판이었다가 그 후 주택들이 들어찼음을 의미한다. 1960년대 신부산구획정리사업으로 버스 노선이 생기고, 인구가 증가하는 변화상이 한눈에 들어오는 듯하다.

이곳을 출발지로 삼는다. 민락동행정복지센터 앞에 선다. '민락백년비民樂百年碑'가 눈에 들어온다. 2013년 민락동 탄생 100년을 기념했던 비다. 강과 바다가 맞닿은 어촌마을에서 작은 목선으로 고기잡이하던 옛날을 되돌아보고, 광안리해수욕장을 낀 번화가로 발전한 현재를 만끽하는 기념물이다. 행정복지센터에서 바다 쪽이 아닌 이진아파트 방향으로 길을 잡는다.

민락골목시장 팻말이 아케이드 위에 걸려 있다. 오랫동안 광안리해수욕장으로 나가는 주 통로 역할을 해 온 장터다. 시장 안에 두 개의 공동 우물(다락우물, 모락모락우물)이 인접해 있는 것도 예사롭지 않다. 시장을 중심으로 주민들이 모여 살았음을 보여 주기 때문이다. 처음에는 동방오거리에 있는 동방시장의 규모가 더 컸다고 한다.

골목시장에서 동방오거리 방향으로 민락로34번길을 걷는다. 그러고 보니 광안리에는 집밥처럼 포근한 맛을 주는 한정식집들이 꽤 있다. 화려함이 흔한 곳에서 소박함이 귀한 대접을 받는 광안리다.

동방오거리~광안리해수욕장 간 민락로를 걷는다. 동방오거리는 민락동 지역의 교통 중심지다. 과거 이 일대에 육군운전연습장이 있었다. 이후 동방산업에서 오랫동안 소유권을 지닌 적이 있어 동방오거리로 불린다. 조선방직이 있었던 부산 동구 범일동 일대를 지금도 '조방'으로 부르는 이유와 유사하다. 부산에 이처럼 기업 이름을 딴 지명이 많다는 사실이 흥미롭다. 풍부한 산업 유산을 우리가 제대로 돌보고 있는지 반문해 볼 일이다.

광안리해변에 다다르면 '새벽집'이 반긴다. 주메뉴는 콩나물 해장국과 시래기 된장국이다. 밤새 바닷가 정취를 즐기다 새벽에 이곳에서 출출한 배를 채우던 추억을 가진 이들이 많다. 당시 천막 식당을 기억하는 이는 격세지감을 느낄 만하다. 그 세월을 견뎌낸 '새벽집'은 번듯한 현대식 건물을 이뤄냈다. '매주 화요일 휴무'를 알리는 글이 눈에 들어온다. 이전 답사 때까지는 '연중무휴 24시간 영업'을 고수했다. 세월의 흐름을 느낀다.

갯내음 가득한 아파트 숲도 옛말

새벽집에서 민락회타운으로 향한다. 매립지의 시작점이다. 광안리 바닷가 동쪽에 자리한 횟집 거리는 국내 최대로 알려져 있다. 그 형성 과정을 되돌아보며 바닷사람의 저력을 새삼 절감한다. 이곳이 횟집 타운이 아니라 컨테이너 처리장 조성을 위해 매립됐다는 점을 상기하면 더 그리하다. 매립된 부지가 애초 목적을 달성하지 못하자 어패류 노점상들이 들어섰고, 뒤이어 활어 전문 시장들이 서서히 생기기 시작했다. 해산물이 값싸고 맛있다는 입소문이 나면서 부산은 물론 타지 손님들이 몰렸다고 한다. 민락회타운은 문화관광부와 한국관광공사에서 추진한 한국음식관광 활성화 지원 사업 대상으로 선정되기도 했다. 지역을 넘어 우리나라를 대표하는 음식 테마 거리로 성장한 것이다.

그 경로에 있는 씨랜드회센터에 들른다. 활어판매장과 초장집이 한곳에 있는 게 특징이자 장점이다. 오 년 전 답사 때 들른 '제주한동상회'가 남아 있는지 확인해 본다. 주인은 제주 출신으로 해녀 생활을 하다가 횟집을 운영하는 여인이다. 어머니 때부터 대를 이어 광안리 바다를 삶의 터로 삼았다고 한다. 아직도 장사하는 걸 눈으로만 확인한 후 길을 재촉했다.

다시 광안해변로로 돌아 나온다. 진조말산 자락으로 향한다. 바다 매립 전에는 해안가에 있던 산이다. 지금은 그

157

자락에 아파트 건설이 한창이다. 이전에 만났던 갯바위와 절벽 흔적은 찾아볼 길이 없다. 진조말산 쪽 도로 옆에서 눈과 코를 자극하던 생선 건조장도 사라졌다. 매립지로 들어서 민락어촌계 사무실이 있는 포구 앞에 선다. 그 옆에 해녀탈의실이 보인다.

2018년 답사 때 추억이 떠오른다. 그때 해녀들이 직접 잡은 해산물을 팔고 있었다. 생미역귀 하나를 얻는 행운을 맛보았다. 오도독오도독 씹으며 갯가 고향을 생각한 기억이 났다.

과거와 현대가 공존하는 세상

어민의 얼굴을 표현한 대형그라피티가 그려진 민락어민활어직판장 주차타워를 찾으려 한참 헤매야 했다. 그새 아파트들이 워낙 많이 들어섰기 때문이다. 이전에는 주차타워가 한눈에 들어왔기에 쉽게 그곳으로 갈 수 있었다. 그라피티는 2012년 실제 나이 든 어부를 모델로 독일 작가 헨드릭 바이키르히가 스프레이로 주차타워에 그린 것이다. 하지만 주차타워에서 어부의 모습을 볼 수 없었다. 주차타워는 온통 검은색으로 변해 버렸다. 구청 담당자에게 문의하니 그라피티가 사라졌다는 사실을 확인해 줬다. 그러나 그 이유에 대해서는 애매한 답변만 돌아온다. 이후에 2022년 태

진조말산 자락 한쪽에서는 대형 아파트가 올라가고,
반대편에서도 터 닦기가 한창이다.

풍 피해로 없앴다는 보도[4]가 나왔지만, 지역 명물의 삭제는 진한 아쉬움을 남긴다.

매립지를 나와보니 진조말산 다른 쪽에서 또 거대한 공사가 벌어지고 있다. 부산 수영구 옛 미월드 용지에 42층 규모의 생활형 숙박시설(생숙)이 들어설 모양이다.[5] '생활형'이란 단어가 아무래도 꺼림칙하다. 고층 아파트에 이어 다수의 주거용 생숙까지 앞다퉈 부산 해안가를 점령하면서 일부 특정 계층의 조망권 사유화가 갈수록 심해지고 있다는 지적이 나온다.[6] 조그마한 진조말산이 사라지지는 않을까 하는 걱정이 기우만은 아닌 것 같다. 광안리 밤바다의 상징이던 미월드는 2004년 개장한 부산 최초 도심형 놀이공원이었다. 인근 아파트 주민을 중심으로 소음 민원이 증가하자 행정당국은 밤 10시 영업 중단을 지시했고 2013년에 경영난 심화로 폐업했다.

산자락에 조성된 미니 공원으로 올라간다. 바다 쪽으로 광안해수월드가 마주 보인다. 그 공원에 노계蘆溪 박인로朴仁老의 '태평사太平詞' 가사비가 서 있다. 그는 임진왜란 당시 부산포 바다에서 많은 공을 세운 인물이다. 생사의 갈

4   부산일보 2023년 4월 26일 자 게재
5   국제신문 2023년 3월 30일 자 게재
6   국제신문 2023년 4월 4일 자 게재

림길에서 함께 고락을 나누었던 동료 병사들을 위로하기 위해 이 가사를 지었다고 한다.

진조말산 언덕 곳곳에 해안 감시소 자국이 눈에 띈다. 조선 시대 전란과 해방 이후 냉전의 유물이다. 그만큼 이곳이 군사 요충지임을 말해 준다. 산 끝자락에서 '널구지 당산 할매당'을 만난다. 뱃일 떠나는 널구지 마을 어부들의 무사 안녕을 비는 제당으로 보인다. 널구지란 지명은 편편하고 넓다는 의미다.

이곳은 예로부터 어업을 주로 하는 마을이었다. 1959년에는 어촌마을을 묘사한 영화 〈자나 깨나〉의 촬영지가 될 정도였다. 이때 생선을 팔러 가는 엑스트라로 출연한 동네 아주머니들이 거금의 출연료를 받았다는 일화가 전해진다. 민락포구는 원래 '널구지 당산 할매당' 앞에 있었다. 그 포구는 태창목재 2공장과 그 뒤를 이어 아파트가 들어서면서 위치를 바꿨다. 민락포구는 이후 몇 번의 이동을 거쳐 현재 민락어민활어직판장 자리로 옮겨오게 됐다.

이전 답사 때 만났던 민락동 본토박이 어른이 생각난다. 당시 이 동네에서 5대째 거주한 그는 앞바다가 매립되기 전 초가집과 해변들을 정확히 기억했다. 지금도 거주하고 있는지 궁금했다.

수영2호교 아래에서 태창파크맨션을 바라본다. 이곳에 태창목재란 회사가 있었음을 나타내는 표시다. 아파트 옆면에 재건축 시공자 선정을 알리는 대형 현수막이 붙어 있다. 이 아파트도 곧 사라질 모양이다.

부산경동센텀메르빌아파트란 긴 이름의 공동 주택에서 수영만으로 발길을 옮긴다. 수영교로 향하는 양쪽 기슭이 휘황찬란하다. 강 건너에는 센텀시티 고층 빌딩이 즐비하다. 강 이쪽은 그 전경을 조망하는 카페와 식당들이 들어서 있다. 이 일대는 과거 '꼬시래기횟집촌'으로 유명했다. 꼬시래기는 문절망둑의 경상도 말로 당시 수영강 하구에 넘쳐나던 어종이다. 1950년대부터 1980년대 중반까지 번성한 이 횟집촌은 오염 폐수, 매립 등으로 점차 활력을 잃어 갔다.

수영교사거리를 건너니 부산더샵센텀포레아파트 앞이다. 이 아파트로 재개발된 옛부락은 '보리전마을'로 불렸다. 조선 시대 해상 수비대인 '포이진包伊鎭'과 곡식과 관련한 '보리가게'에서 마을 이름이 유래했다는 설이 있다. 수영로 건너 수영동 현대아파트 부지는 옛 태창목재 1공장 터다. 매립지에 들어섰던 이 공장은 1981년 문을 닫았다. 격동의 부산 지역 산업 변천사가 실감난다. 수영동 현대아파트도 재건축이 자주 거론되는 곳이다. 현재 모습을 사진에 담는다. 도시철도 2호선 민락역 1번 입구가 눈앞이다.

● 길라잡이 포인트

시내버스 41번과 83번 종점-민락골목시장-민락어민활어직판장-진조말산-현대아파트

Ⅱ. 망각을 바라는 흔적 유실의 현장

파도가 덮치고 몽돌이 쓸리는 해조음

1
단절과 삭제 사이에 놓인 그 어디쯤

서동~금사동

우리는 떠난 사람을 그리워해야 한다. 각시 되어 놀던 아이가 이사 가던 날 장독 뒤에 숨어서 하루를 울었던 가슴앓이는 사라지지 않았다. 살붙이처럼 아예 대문을 열어 놓고 한집으로 살았던 그 살가웠던 정은 어찌 또 잊을 수 있으리.

지금부터 55년 전, 부산 영주동·충무동 사람들은 그렇게 삶의 터전을 쓸쓸히 떠났다. 영문도 모른 채 맞은 집단 이주였다. 부산시 당국의 도심 재개발 사업이란 거창한 이름만 허상의 깃발로 나풀거렸다. 한국 전쟁과 농촌 피폐를 피해 피란민으로, 도시 빈민으로 겨우 정착한 사람들이었다. 그런 산만디마저도 그들에겐 사치였을까.

그때 아이들은 이제 중년을 지나 막 노년의 기미를 느낄 나이가 됐다. 아득한 세월 저 너머로 그리운 얼굴들이 하나둘 뿌연 안개 속에 떠오를 때다. 어떻게 살았고, 지금 어떤 모습으로 지내고 있을까. 그 갈망의 바람을 안고 시간의 바다로 거슬러 올라가 본다. 이주민들의 손으로 세워진 부산 금정구 서동과 금사동 골목을 걷는다.

산 너머 동래구에서 힘차게 올라오던 아파트의 공격은 산 밑에서 중단했고, 금정구 아랫동네의 재개발·재건축 바람은 고개에 막혀 있는 듯하다.

재개발 시대 서민이 일군 삶의 흔적

도착지는 새로운 출발점이 된다. 그처럼 버스 155번 종점에서 내려 재답사에 나선다. 삼화피티에스㈜ 차고지는 '2016년 부산다운건축상 일반 부문 대상'을 수상한 건축물이다. 오지에 이 버스 노선을 유치하려 애를 쓴 지역 주민들의 노력에 대한 보상이라는 생각도 든다.

버스 차고지 뒤편으로 서동초등학교가 눈에 들어온다. 윤산에 안긴 그 모습을 등으로 돌린다. 부산은행 서동 지점을 지나 버스길로 나온다. 횡단보도를 건너 금정구 부곡동 방향으로 내려간다. 90m가량 걷다가 우리식당 앞에서 주택가로 올라선다. 오 년 전 첫 답사 때 본 그 식당 간판이 그대로 걸린 게 신기할 정도다. 산복도로 못지않은 오르막길이 기다린다. 행정구역상으론 부곡동이나 서동 생활권이라 해도 무방하다. 좌우 미로가 눈을 커지게 한다. 다닥다닥 붙은 집과 집 사이에 난 골목길이 협곡 길을 방불케 한다. 3~4층의 콘크리트 가옥을 벽으로 삼은 골목길이 끝없이 이어진다. 다른 곳에서 보기 힘든 독특한 구조이다. 건축물은 역사를 웅변한다. 어떤 사연을 안고 있는 것일까.

1968년에 영주·충무동 일대 고지대 토지구획 정리 사업이 시행됐다. 그때 주민의 집단 이주가 이뤄졌다. 원하지 않는 엑소더스였다. 이주는 여러 차례에 걸쳐 진행됐다. 서동 주택가를 돌다가 보게 되는 1차, 2차, 3차 표시가 그 순서다. 당시 늪지대이거나 미나리꽝이었던 곳이다. 공무원들은 허허벌판에 수많은 새끼줄을 쳤다. 15평 정도의 집터를 배정한 것이다. 나머지는 당신들이 알아서 하라는 태도였다.

그래도 낙담만 하고 있을 새가 없었다. 그들은 거적때기를 깔고, 나무판자를 주워 잠자리를 마련했다. 벽돌을 구해 솥단지도 내걸었다. 급한 대로 땅을 파서 공동 화장실도 만들었다. 맨땅에서 시작한 집짓기는 1974년 금사공단이 조성되면서 일대 전환을 맞는다. 인구가 급증하면서 주택 임차 수요가 늘어나자 집 구조도 바뀌게 된다. 위층에 집주인이 살고, 아래층은 세를 놓는 방식이었다. 판잣집이 양옥으로 서서히 변하기 시작한 것이다. 몸 하나 겨우 빠져나갈 만한 미로들은 그렇게 생겨났다.

언덕길로 계속 오른다. '희망숲속방재공원' 이정표가 있다. 손가락 표시 방향으로 걷는다. 100m 정도 위에 공원이 조성돼 있다. 기존 집들을 철거하고 만든 흔적이 역력하다. 주민 휴식과 고지대 화재 대피용이란 설명문이 이채롭다. 그러고 보니 소방차가 진입할 수 없는 동네의 특성이 눈에 들어온다.

기차처럼 긴 골목 시장 속 맛집

그 일대에 흩어져 있는 가옥 구조는 좀 전에 본 아랫동네와 사뭇 다르다. 낮은 지붕의 집들이 많다. 땅에서 겨우 흙을 털고 일어난 듯 낡고 초라한 모양새다. 언덕바지에 이리저리 지어진 집들이 그 어려운 형편을 짐작게 한다. 경제 사정이 나빠져 배정받은 집을 팔고 산 쪽으로 올라간 사람도 있다고 한다. 인적도 드물다. 부산의 달동네는 이처럼 현재진행형이다. 2018년 첫 답사 때와 변함이 거의 없다. 산 아래 동래구의 아파트 숲과 대조를 이룬다. 한 주민이 나를 따라다닌다. 요즘 이상한 사람이 많아서란다. '그게 누구냐'고 물으니, '도둑놈'들이란다.

졸지에 도둑으로 의심받은 쓸쓸한 심정을 안고 마을을 벗어나 서동 방향으로 발길을 옮긴다. 차량이 겨우 교행할 정도의 넓이다. 그래도 이 동네에선 큰길에 속한다. 비슷한 형태의 높다란 가옥이 줄 서 있다. 서동 경기가 최고조였을 때 덩달아 올라간 건물들이다. 하나, 호경기 기반이 됐던 금

부산 동래구와 금정구 경계에 있는 달동네의 집들이
산 아래 화려한 아파트촌과 대조를 이룬다.

Ⅲ. 파도가 덮치고 몽돌이 쓸리는 해조음

사공단은 쇠퇴 일로다. 공장이 떠나니 사람도 따라갔다. 첫 답사 때는 그 공허함 속에 '찰카닥찰카닥' 하는 기계음이 마을을 휘감았다. 목장갑 직조기가 분주히 돌아가는 소리다. 하지만 이제는 귀를 쫑긋해야 그 소리를 들을 수 있다. 외국산 저가 제품 범람에 고전을 면치 못하고 있는 모양이다. 키큰 집들이 휘청거리는 듯하다.

그 사이 언덕 위로 '동상교회'가 얼핏 보인다. 교회 이름에 서동 지명의 비밀이 숨겨져 있다. 원래 이 일대 동명은 동상동이었다. 광복 후인 1959년 서동, 금사동, 회동을 합쳐서 그렇게 명명했다. 그런데 어찌 된 일인지 1982년에 다시 서동, 금사동, 회동으로 되돌아간다. 지금은 서동, 금사회동동이다. 영도 동삼동과 발음이 비슷해 시민 불편이 크다는 이유였다. 영도 동삼동으로 가려 했던 취객이 택시에서 깨어나 보니 금정 동상동이었다는 우스갯소리가 전해진다.

그 지점에서 200m가량 걸어서 버스가 다니는 서동로로 내려선다. 우측 103번 길로 들어선다. 서동미로시장 입구를 지나쳐 곧장 나간다. 이어 '장갑 협동조합' 간판을 단 건물이 등장한다. 처지를 알려주듯이 간판 글자는 흐리지만, 상부상조의 뜻을 지닌 협동조합 정신은 또렷하게 전해져 온다.

서동산교회를 통해 서동미로시장으로 스며든다. 들어간 지점은 '400미터 골목시장'의 중간쯤 되는 곳. 일자로 늘어선 이 시장은 워낙 길어 '기차골목'으로도 불렸다고 한다. 이 시장과 인접한 서동시장, 서동향토시장이 9년 전 서동미로시장으로 새롭게 태어났다. '문화 관광형 시장' 공모에 당선된 이후부터다. 미로MAZE는 좁고 긴 시장 안의 복잡한 골목길이란 뜻을 지녔다. 사람과 사람으로 이어진 아름다운 길美路이라는 의미도 담고 있다.

공장들 사이에서 피어난 연꽃

서로미로시장은 '돌아다닌다'라는 표현을 어색하게 만드는 장소다. 가게들이 일렬로 길게 늘어선 골목 시장인 까닭이다. 좌우를 두리번거리며 직진한다는 말이 적확하다. 맛집도 많고, 양도 푸짐하다.

시장을 나와 농협은행에서 왼쪽으로 돌면 서동예술창작공간 간판이 눈에 들어온다. 일상과 문화가 접목된 생활예술 활동을 위해 마련된 문화 공간이다. 작은도서관, 갤러리, 창작실 등이 갖춰져 있다. 2018년 부산일보 문화부에서 미술 담당을 하면서 직접 취재해 보도한 기사[1]를 올린다. 서동예술창작공간의 특성을 잘 나타내기 때문이다.

---

1   부산일보 2018년 12월 23일 자 게재

미로를 형성한 부산 금정구 서동 주택가 골목에는
1960년대 집단 이주와 1970년대 금사공단 조성의 흔적이
고스란히 녹아 있다.

'작품이 작가의 손을 떠나 스스로 제모습을 갖춘다.' 과감한 생략이 관객의 상상력을 자극하는 오귀스트 로댕의 조각이 당장 떠오른다. 로댕은 그전까지 사람들이 생각했던 조각의 개념을 바꾸었던 예술가이다. 좌대를 깎다 만 형태로 그냥 놔두는 것이나 머리나 팔다리가 생략된 토르소만을 제작하는 기법을 그전에는 볼 수 없었다.

여기서 더 나아가 작가와 관객의 구별이 사라지고, 우연성이 더 드러나는 작업 방식이 시도되고 있다. 감상자가 머릿속 구상을 직접 손으로 마무리하는 단계이다. 작가들이 공동 작업하고, 주민들이 참여하는 대동大同의 예술 현장이 펼쳐진다.

서동예술창작공간은 오는 29일까지 '함께 작품을 완성하는 서동 작은미술관-서동 탐사선,아트배틀Art Battle 2018'을 연다. 전시는 부산대 미술학과 출신으로 구성된 창작 콰르텟 '스튜디오 프로젝트STUDIO-PROJECT'가 공간에 먼저 운을 띄운다. 젊은 작가들이 참신하게 연출한 작은미술관은 개성과 조화가 음악처럼 흐른다. 이 작품은 관객 참여가 이뤄져야 제 모습을 드러내는 미완성곡과 비슷하다. 전시 장소는 부산 금정구 서동미로시장 안에 있다. 시장 상인과 장 보는 주부, 엄마 손 잡고 장에 따라온 어린아이와 일반 관

Ⅲ. 파도가 덮치고 몽돌이 쓸리는 해조음

객 누구나 참여할 수 있는 열린 공간이란 특성을 갖고 있는 곳이다.

'스튜디오 프로젝트'는 전시장을 이동하며 각 공간에서 프로젝트를 진행하는 4명의 미술가(김성수 이은정 양나영 배솔진)로 구성돼 있다. 그들이 서동에 불시착해 탐사하며 자신을 소개하고, 그 지역 거주민이 함께 하면서 서서히 파장을 넓혀나가는 게 이번 전시의 개념이다.

'연결된 우주'로 이름을 붙인 제1구역을 맡은 김성수 작가는 미술관 벽 한 면 전체를 벽화로 장식했다. 작가가 모티브를 제시한 후 관객들이 나머지 벽화를 채우는 방식이다. 제2구역('따로따로', 이은정 작가)은 참여자들이 공간 속에 종이띠를 걸면서 서로의 흔적을 확인하는 성격을 띤다.

제3구역('사람 그리고 사람', 양나영)은 벽면에 350개의 못을 박아 대형 실뜨기 판을 구현했다. 실뜨기를 통해 다양한 관계를 되돌아보는 기회를 준다. 제4구역('혼돈의 질서', 배솔진)은 보이지 않는 본능과 욕망으로 가득 차 있다. 기존 질서의 세계에서 들어섰기에 더 선명하게 다가온다. 관객들은 전시를 돌아본 후 자신에게 가장 강렬하게 다가오는 구역을 표시한다. 주최 측은 29일 이후 이를 최종 집계해 발표하는 이벤트

를 가진다. 전시 타이틀에 '아트배틀'이란 문구가 들어
간 이유다.

"전시장을 찾는 다양한 사람들과 몸을 부대끼면서 진
정한 대중미술, 참여예술을 실감하고 있습니다." 그전
에는 서동을 잘 몰랐다는 이은정 작가의 말이다. 김미
희 전시기획자는 "50년 전 중구 원도심 주민들의 집단
이주지이자, 금사공단 쇠퇴로 침체를 겪고 있는 서동
에 문화가 꽃피는 기회가 되길 바란다"고 밝혔다.

서동예술창작공간 역할에는 전통시장 활성화도 자연
스레 포함된다. 첫 답사 때 만났던 실무자는 전면 재개발
이나 산복도로 방식이 아닌 서동 고유의 변화상을 생각한
다는 고민을 털어놨다. 그 목소리가 아직도 귓가에 쟁쟁하
다. 시장 언저리에 섯골문화예술촌이란 문화시설이 또 있
다. 예술인들이 거주하면서 작업을 할 수 있는 곳이다. '섯
골'이란 명칭은 안골과 함께 서동에 있던 자연 부락의 이름
에서 따 왔다.

부산은행 금사공단지점에서 금사로를 따라 걷는다.
오른쪽으로 금사공단이 펼쳐져 있다. 윤산을 배경으로 한
맞은편 주택가는 길도 넓고 층수도 낮다. 미로를 형성한 서
동과는 확연히 다른 풍경이다. 금사공단의 경기는 예전만
못하다. 1990년대에 경남 김해나 양산으로 공장들이 차차

빠져나간 탓이다. 그래서인지 금사제일상가시장 간판이 애잔하게 보인다.

금사공단은 쇠퇴를 변신으로 대응하는 모습이다. 제조업에서 물류업이나 창고업 등으로 용도를 바꾼 건물이 늘어나고 있단다. 가장 눈에 띄는 게 복합문화 공간 설치다. 삭막한 공단에 오아시스 같은 시설들이 자리잡고 있다는 사실이다. ㈜디알비동일의 사회공헌 플랫폼인 '캠퍼스 디'도 그중 하나다. 청년 창업자, 문화 단체에게 각종 서비스를 제공하고, 시민에게 공연이나 강연 공간을 빌려주는 곳이다. 이날 답사 때는 모의 UN 총회와 과학 체험 행사 포스터가 걸려 있다. 제과업체인 '이대명과' 본사 건물도 공단 경관에 변화를 주는 듯하다.

번영로로 향한다. 고가도로 밑이어서 어두침침한 데다 차량 질주로 아슬아슬하기까지 하다. 주위를 살피며 도로를 건너니 '예술지구P' 입구이다. 욱성화학 공장 터에 세워진 문화 공간이다. 현대 미술가와 공연예술가, 사진작가들의 땀내가 물씬 난다. 미술 공장의 CEO라 자칭했던 앤디 워홀이 연상된다. 기업 이익의 사회 환원과 예술의 공공 가치를 느낀다. 공장들 사이에 피어난 연꽃을 감상하는 기분이다.

● **길라잡이 포인트**

시내버스 155번 종점-희망숲속방재공원-서동미로시장-
서동예술창작공간-예술지구P

177

2
손잡고 이어지는 섬과 포구, '부산의 다도해'

낫개역~몰운대

쥐섬, 동호섬, 솔섬, 모자섬, 오리섬, 팔봉섬 같은 작은 섬들이 점점이 떠 있고, 숱한 세월 동안 해식海蝕으로 이뤄진 기암괴석이 한눈에 들어오는 곳. 그렇다. 부산의 남해는 이런 모습으로 우리를 반긴다. 하지만 부산을 항만 도시로만 인식하고, 동부산 위주로 생각하는 이들은 아마도 먼 남해 다도해를 연상했으리라.

　　부산의 다도해인 다대포多大浦를 다시 찾았다. 그곳의 해안은 부지런히 춤을 추며 사람들을 따뜻하게 품는 최적의 장소를 만들어냈다. 큰 포구가 얼마나 많았으면 이름마저 다대포일까. 섬들은 바다로 한 걸음 깡충 뛰어나가 서로 손을 잡을 듯 올망졸망 앉아 있다. 해돋이와 석양을 모두 맞이할 수 있는 장소는 난바다 어느 섬에 온 듯한 착각을 일으킨다. 수심이 깊어 물색이 먹빛인 일망무제의 동해 바다와 사뭇 다른 모습이다.

그런 자연 속에서 다대포 사람들은 끈질기고 용감했
다. 옛사람들은 임진왜란 때 조선에 첫 승리를 안겨 주었고,
지금은 그때의 어로 풍습을 보존하고 있다. 기름 오른 제철
생선의 비린내 가득한 다대포 공판장 안을 걸으며 그들의
저력을 절감한다. 다대 팔경이란 구슬을 옥실에 꿴다는 마
음으로 발길을 뗀다. 여기에는 삭제의 지우개가 크게 작동
하지 않았다. 어쩌면 욕망을 부를 요인이 적었는지 모른다.

공룡이 뛰어놀았다는 두송반도

도시철도 1호선 낫개역 4번 출구가 출발점이다. 부산
서 처음 운행한 1호선에 붙은 역사이지만, 나이는 아직 새
파랗다. 2017년 부산 도시철도 1호선 다대포 연장구간 개통
과 함께 운행을 개시했다. 그래선지 역사가 말끔하다. 몰운
대를 형상화한 아트 벤치와 그곳에 앉아 있는 책 읽은 사람
조각이 시선을 끈다. '내가 만난 몰운관해沒雲觀海'라는 제목
이 붙어 있다. 앞으로 만날 다대 8경의 예고편이다. 그 조각
작품을 보며 다른 도시철도 역사 내에 설치된 예술품의 현
재 처지가 떠오른다. 유명 작가의 그림이나 조각품을 전시
해놓고 낙서장으로나 쓰는 현실이 개탄스럽다. 낫개역은 그
런 전철을 밟지 않기를 조각 어깨에 손을 얹고 빌어 본다.

다대포 연장 구간이 개통되었을 때 가장 생소한 역명이 낫개역이었다는 반응이 많았다. 그만큼 지명이 잘 알려지지 않았던 것이다. 낫개(나개)는 나포羅浦의 우리말로 알려져 있을 뿐 유래는 정확하지 않다. 역사를 벗어나니 이곳 역시 아파트촌임을 실감하게 된다. 다대 롯데캐슬아파트는 옛 낫개마을 위에 선 아파트이다. 옛 동네를 밀고 들어선 저층 도개공아파트를 다시 허물고 지은 고층 건물이다. 이처럼 자연 마을은 지층 깊은 곳으로 사라지고 있다. 다송로를 따라 다대성당을 거쳐 탑마트를 지난다. 그곳을 지나면 1998년 준공한 다대포항 매립지로 들어간다. 고른 지면이 나타나면서, 저 멀리 해면에 부딪히는 햇살이 실눈을 만든다. 훅 다가오는 바다 내음에 코를 벌렁거린다.

두송중학교와 체육공원을 지나 부산국가지질공원 안내판에 이른다. 지구 시간 여행으로 들어가는 순간이다. 감천항과 다대포항 연결도로의 왼쪽 절벽은 다양한 지질로 이뤄진 바위들로 장식돼 있다. 이른바 두송반도 지질 명소이다. 이암 퇴적층, 회색 또는 황갈색의 석회암층, 호숫가 퇴적층, 고토양, 생흔화석, 쇄성설암맥 같은 다양한 지질 유산이 두송반도 곳곳에 숨어 있다. 약 8천만 년 전인 백악기 말의 두송반도는 바닷가가 아닌 공룡들이 노닐었던 산기슭의 평원 지대였다. 초식 공룡 먹이인 나무 화석과 공룡알의 껍데기 화석을 찾을 수 있다니 놀라운 일이다. 공룡 발자국을 보려 굳이 멀리 갈 이유가 없겠다는 생각이 든다. '대선조선' 글자가 큼지막하게 새겨진 골리앗 크레인을 만나고서야 겨우 고생대 환상에서 벗어난다.

횡단보도를 건너 푸른 다대포항을 바라보면서 오던 길을 되돌아 나온다. 이제 매립지를 본격적으로 돌아볼 차례다. 두송중학교 후문을 지나 만난 길에서 왼쪽을 쳐다보니 '낫개 테마거리' 표지탑이 서 있다. '낫개'라는 이름을 부각하려는 노력이 엿보인다. 낫개작은도서관과 낫개가로공원에 들른다. 5m 높이의 회색 콘크리트 옹벽으로 둘러싸여 있어 평소 주민 통행이 없던 공간을 녹색과 책으로 꾸민 아이디어가 돋보인다.

아직 남아 있는 다대진성 성벽 찾아

다대현대아파트 앞으로 나온다. 매립 전, 파도가 찰랑거리던 아파트 앞 외길에 술집들이 전을 차렸다고 한다. 곧 통일아시아드공원에 닿는다. 이 공원은 2002년 부산아시안게임을 기념해 조성됐다. 당시 북한의 만경봉호가 다대포항에 정박한 걸 기억하려는 의도로 보인다. 당시 대회에 참가한 나라들의 국기와 지도, 성적 등이 새겨진 기둥들이 호기심을 자아낸다.

해안으로 나와 들어간 낫개 방파제는 낚시 천국이나 다

를 바 없다. 낚싯배들이 가득하고, 그 배를 빌려주는 매표소가 곳곳에 보인다. 낫개 방파제 끝에 서니 다대팔경 중 두 곳이 눈에 들어온다. 왼쪽 사선으로 저 멀리 두송만취頭松晩翠의 명소인 두송반도 끄트머리가 아득하다. 두송만취는 두송산 위에 걸린 비췻빛 저녁 하늘의 감흥을 말한다. 오른쪽 정면으로 야망대夜望臺가 시야에 잡힌다. 바닷가에 봉긋 솟은 야망대는 해 질 무렵 멸치 떼가 나타나는지 지켜보는 자리였다. 다대포에는 예전부터 멸치 후리질로 생계를 유지하는 어민이 많이 살았다. 멸치잡이 방식은 이랬다. 우선 연안의 얕은 바다에 배를 이용해 그물을 둘러쳐 놓고 양쪽의 끝을 갯가로 끌어올린다. 그다음 온 동네 사람들이 몰려나와 멸치 떼가 갇힌 그물을 당긴다. 이때 부르는 노동요 야망어창夜望漁唱이 다대팔경으로 꼽힌다. 소리와 풍경이 어울려지는 공감각적 인식이 아닐 수 없다.

　방파제에서 나와 '야망대' 표시판을 지나 오르막으로 방향을 잡는다. 안부에서 산길로 올라갔으나 야망대 흔적은 찾을 길이 없다. 다시 내려와 철문을 지난다. '갈맷길' 표시를 따라 마을로 내려가 골목길을 벗어나면 다대동로이다. 그 길을 따라서 오르면 윤공단 앞 교차로에 닿는다. 요즘 보기 어려운 육교로 길을 건너 윤공단 계단을 오른다. 계단에서 다리쉼을 하면서 도달한 윤공단엔 엄숙함이 흐른다. 재단을 둘러싼 소나무들의 기운이 굳세다. 윤공단은 임진왜란 때 다대진성을 지키다 순절한 다대첨사 윤흥신과 군민들의 충절을 기리는 곳이다. 윤 첨사 부대는 첫 전투에서 승리를 맛본다. 비록 소규모 정탐대가 상대였지만, 임진왜란 최초의 승전이라는 의미를 지닌다. 하지만 다대진성은 곧 닥친 일본군 본진에 함락하고, 윤 첨사도 이때 전사를 하게 된다.

윤공단은 아미산에서 흘러내리는 산자락에 자리한다. 아미산 중턱에 걸린 반달을 탐닉했다는 다대팔경 아미완월 峨嵋玩月 을 머릿속에 그려 본다. 그 아래 부산유아교육진흥원이 바로 다대첨절제사영이 있던 곳이다. 다대진성의 흔적을 찾아 나선다. 다대동로로 내려오다 우측으로 난 골목에 들어서면 다대진성의 북벽과 동벽의 전환부로 확인된 자리라는 안내문이 보인다. 길 안쪽 진흥원 뒤편에서 북쪽 성벽 일부분을 확인할 수 있다. 주차장 쪽으로 올라가 후문을 통해 진흥원 안으로 들어간다. 1970년에 몰운대와 윤공단으로 각각 이전한 객사 터와 윤 첨사 순절비 터를 볼 수 있다.

바다 향해 날아가는 갈매기 형상

정문으로 나와 다대교회를 마주 볼 수 있는 길 위에 선다. 교회 아래로 다대진성 남쪽 성벽이 원형에 가깝게 남아 있다. 다대진성 지대석과 정지층, 배수 시설이 발견된 구역을 펜스로 막아 보호 지구로 지정해 놓았다. GS편의점 옆 골

다대진성 남쪽 성벽이 원형에 가깝게 남아 있는 다대교회 석축.
지대석과 정지층, 배수 시설이 발견된 구역을 펜스로 막아
보호 지구로 지정해 놓았다.

Ⅲ. 파도가 덮치고 몽돌이 쓸리는 해조음

목으로 들어가면 다대본동이다. 해안은 횟집촌을 이루고 있다. 다대공판장과 냉동 창고는 다대항의 참모습이다. 어장의 활기가 고스란히 전해 온다. 부산해양경찰서 다대파출소 옆에 다대포 후리소리 보존협회가 있다. 다대포해수욕장 방향으로 길을 잡는다. '투썸플레이스 카페'에서 돌면 바닷가에 이른다. 멀리 긴 방파제가 눈에 들어온다. 방파제 끝이 팔봉섬과 닿아 있다는 게 신기하다. 다대팔경인 팔봉반조八峯返照와 남림숙하南林宿霞를 상상해 본다. 몰운대로 방향을 돌린다. 오 년 전 첫 답사 때 한창이던 호안 공사가 마친 상태다. 몰운대까지 이어진 해안 길이 바닷바람과 함께 눈과 몸을 시원하게 만든다.

몰운대沒雲臺에 닿는다. 몰운은 구름 속에 빠져든다는 뜻이다. 말 그대로 모든 풍광이 아름다운 구름 속으로 빠져 들어 가는 장관에 어찌 감탄이 나오지 않았을까. 몰운관해가 다대팔경서 빠질 수 없는 이유다. 몰운대는 16세기 이전까지만 해도 섬이어서 몰운도라고 불렸다. 그 후 낙동강에서 흘러온 흙과 모래가 쌓여 육지와 연결되었다. 입구에 놓인 몰운대 표시석 주변은 조개무덤이 발견되었던 곳이다.

이 일대의 전체 형상은 갈매기가 바다를 향해 날개를 활짝 펴고 날아가는 모양과 흡사하다. 몰운대가 머리 부분이라면 오른쪽 날개에는 정운공 순의비가 놓여져 있다. 이순신 장군의 우부장 정운공은 부산포해전에서 장렬히 전사

했다. 몰운관해에는 그를 그리는 뜻이 포함돼 있다. 화손대가 왼쪽 날개로 펼쳐진다. 팔경 중 하나인 화손낙조花孫落照의 명소이다. 수평선을 응시한다. 고기잡이 나갔던 돛단배들이 저녁노을을 등지고 되돌아오는 장관을 떠올려 본다. 삼도귀범三島歸帆 이라는 마지막 구슬이다.

길라잡이 포인트

| 도시철도 1호선 낫개역-부산국가지질공원-윤공단-다대교회-몰운대

Ⅲ. 파도가 덮치고 몽돌이 쓸리는 해조음

3
100년 길 훼손을 걱정한 4㎞ 여정

남포동역~송도해수욕장

한 도시가 특정 지역명으로 기억될 때가 있다. 도시 이름보다 그 지역 이름이 더 익숙하게 다가오는 경우이다. 요즘은 "부산은 잘 몰라도 해운대는 잘 안다"라는 말이 있다던가. 과거엔 부산 남포동이 그렇다. 일제 강점기와 한국 전쟁 시대에 남포동은 부산 사람만의 지역이 아니었다. 누구나 그곳을 지나가고, 그곳에서 만나고, 그곳에서 생사고락을 겪었다.

현재는 새로운 도심지들이 생기면서 뒷방 신세인 구도심지로 바뀌었지만, 추억거리의 밀도는 여전하다. 부산시도 그에 주목해 보존과 발굴에 힘쓰고 있다. 문화유산이 부족한 처지에 남포동에 켜켜이 쌓인 역사를 무시할 수 없는 까닭이다.

이번 재답사는 그 역사와 호흡하는 발걸음이다. 숨을 막히게 하는 황사 같은 인공 건물이 없었다면 더 좋았을 텐데.

과거와 현대 소통의 거리

남포동역 7번 출구에서 출발한다. 에스컬레이터에서 내리자마자 왼쪽으로 돌아선다. 엔터테이너거리의 소광장 (광복쉼터)을 보기 위해서다. 7번 출구가 곧바로 광복로로 이어져 그곳을 그냥 지나치기 쉽다. 이 광장에 들어선 안내 판과 시설물들을 찬찬히 들여다보면, 앞으로 갈 길의 윤곽 이 머릿속에 미리 그려진다. 그중에 인상 깊은 건 알렌 선 교사, 언더우드 선교사, 아펜젤러 선교사의 얼굴이 새겨진 석판. 우리 귀에 익숙한 외국인들이다. 1880년대 후반 한국 개화의 계기가 된 이들의 최초 기착지를 표시하는 시설물이 다. 도시철도 남포역 부근이 과거 해안가였음을 보여준다.

여기서부터 비프광장까지 '엔터테이너거리'가 이어진 다. 과거와 현재가 어우러진 이곳은 소외돼 온 광복로 뒷골 목을 문화예술 분야로 재조명했다는 평가를 받고 있다. 피 란 수도 부산 시절 무형 유산과 해양 수도 부산 문화 사이의 소통 공간을 꿈꾸고 있는 지점이다.

소광장에서 구덕로에 이르는 길은 엔터테이너거리의 변천사를 알 수 있는 거리로 꾸며졌다. 다방과 극장 변천사 를 담은 전시물이 설치됐다. 5060 음악다방과 7080 음악감상실 코너가 들어서 있다. 이곳에서 서울깍두기 식당까지 걸으며 부산 출신 스타들을 담아낸 '스타게이트'를 만난다. 작고한 원로배우 송해의 영상도 볼 수 있다.

피란수도 부산으로 몰려든 수많은 문화예술인이 현대 예술의 씨앗을 잉태했음을 알리는 기념물들이 눈에 띈다. 영화 상영과 공연 예술을 주도한 극장, 문화 예술의 거점 역할을 했던 음악 감상실의 자취들이 곳곳에 흩어져 있다. 마지막 구간인 일명 '구둣방골목'에는 '추억의거리'가 조성됐다. 구두 모양의 동판과 함께 연예인들의 풋 프린팅을 길바닥에 배치해 행인의 시선을 사로잡는다.

물결치는 바다를 상상하며 걷는 옛길

엄밀하게 보자면, 엔터테이너거리는 완벽한 옛 해안 길은 아니다. 출발점에서 잠시 길 너머 롯데백화점으로 우회해야 한다. 하지만, 구덕로를 무단 횡단할 수 없는 사정을 고려하지 않을 수 없다. 이러한 현상은 송도해수욕장까지 가는 내내 곳곳에서 일어난다. 그만큼 옛길이 변형됐다.

엔터테이너거리를 걷는 내내 옛 해안 길 자국을 자주 만난다. 왼쪽으로 비스듬한 내리막도 그중 하나다. 해안 높이와 수평으로 매립하지 않아서 생긴 지형이다. 그 아래 도로를 물결치는 앞바다로 상상하며 걸어 보자. 탐방의 실감이 한결 더 가슴에 와닿는다.

비프광장거리를 걸어 서구청 앞 횡단보도에 이른다. 앞으로 보이는 대로는 과거에 보수천이 흐르던 곳이다. 그곳 출신들의 귀띔 없이는 그 사실을 짐작조차 못 할 정도다. 1913년 송도해수욕장 개장 전에는 하류에 남빈해수욕장이 있었다고 한다. 벽해상전이 아닐 수 없다. 보행 신호를 받아 길을 건너면 서구청 남쪽 담장 아래에 늘어선 주차장들이 보인다. 그 담장과 축대가 옛 해안선일 가능성이 높다.

곧이어 충무동골목시장이다. 여기서부터 옛 해안선을 체감하려면, 시야를 오른쪽 천마산 자락에서 아래로 훑어내리는 게 좋다. 산비탈을 가득 채운 집들 바로 앞이 해변이었기 때문이다.

충무동골목시장 길이 그 경계선을 이룬다. 허기를 달래기 위해 골목시장 내 고갈비특화거리에 갈 수도 있고, 충무대로 건너 충무동해안시장 쪽으로 넘어갈 수도 있다. 충무동 해안시장은 이웃한 자갈치시장의 일부로 여겨질 수 있으나, 엄연히 다르다.

송도 해변의 여인이 아닌 가림막

충무동해안시장 구경을 끝내고 돌아와 골목시장을 다시 걷는다. 시장 끝부터는 충무대로와 뒷길 걷기를 반복한다. 기존 주택을 무너뜨리고 고층 주거시설을 짓는 공사 현장이 많아 길이 어지럽다. 문화재로 보존할 만한 집들이 지자체의 무관심 속에서 사라지고 있는 것만 같다. 국내에서 가장 규모가 큰 부산공동어시장도 구경거리다. '대통령 맛집'이란 간판이 붙은 구내식당이 이채롭다. 노태우, 김영삼, 노무현 전 대통령들이 다녀간 곳이란다. 어시장 내에 있으니 싱싱한 생선구이만큼은 확실하지 않을까. 길 건너편 양순식당도 맛집을 찾는 이들의 탐방 목록에 들어 있는 곳이다.

LG타워아파트 끝자락에 있는 뒷길을 걷는다. 그다음부터는 충무대로 행이다. 아니, 그 길을 선택할 수밖에 없다. 도로 옆이 깎아지른 듯한 낭떠러지여서다. 매립 이전에는 그곳에 길조차 없었다고 한다. 바위에 따개비 붙듯 지어진 집들이 그 사정을 대변한다. 절벽을 방의 한 면으로 삼아야만 했던 그 절박감이 절로 다가온다.

이제 종착점인 송도해수욕장이 멀지 않았다. 암남동 주민센터 앞 건널목을 건너면 '송도 100년 골목길'을 만난다. 그 길은 해수욕장 주 출입구가 바뀌면서 쇠퇴했던 옛길을 되찾자는 차원에서 조성된 곳이다.

하지만 옛길 오른쪽이 거대한 가림막으로 가려져 있다. 안을 들여다보니 기존 상가와 주택들이 철거되거나 허물어지나 빈 상태로 남아 있다. 수소문을 해 보니 재개발 재건축이 진행되지 못해 방치된 상태라고 한다. 자칫 100년 길이 훼손되지 않을까 걱정이 앞선다.

　해변에 세워진 고층 아파트가 올려다보는 목을 아프게 한다. 오 년 전에는 없었던 건물이다. 송도해수욕장 해변도 바다 조망을 이유로 서서히 고층 아파트에 포위되는 느낌이다. 해변에 100층 건물이 들어선 해운대해수욕장의 아찔함이 재현되는 것만 같다.

　이번 재답사를 할 즈음에 나를 목 아프게 한 바닷가 고층 아파트의 수난이 실린 이런 신문기사를 접할 수 있었다.

　"부산 서구청은 지난 태풍 힌남노 이후 6개월 동안 무엇을 했는가. 송도 주민 다 죽겠다."

　지난해 태풍 힌남노 때, 상가 건물 유리창이 깨지는 등 피해를 입고도 뚜렷한 태풍 방지책이 마련되지 않자 송도 H 입주민들이 집단행동에 나섰다.

　H 입주민 240여 명은 10일 오후 3시께 서구청 앞에서 규탄 집회를 열었다. (중략) 앞서 지난해 9월 태풍 힌남노가 부산에 상륙했을 때, 방재호안이 없는 H는 파도에 고스란히 노출돼 큰 피해를 입었다. H 인근 해안에는 테트라포드와 함께 2m 높이 가량 콘크리트 벽이 있기는 했지만, 파도가 이를 훌쩍 넘어 친 탓에 피해를 막지 못했다. 당시 H는 상가 건물과 엘리베이터가 침수돼 큰 불편을 겪었다. 입주민 측에서 집계한 피해

송도 해변 철거 현장 뒤로 초고층 아파트가 보인다.

금액과 추정 복구 금액은 180억 원에 달한다. (후략)[2]

2   2023년 3월 10일 부산일보 게재

송도 100년 골목길 한쪽에 긴 가림막이 설치되어 있다.

길라잡이 포인트

도시철도 1호선 남포역-엔터테이너거리-서구청-부산공동어시장-
송도해수욕장

    Ⅲ. 파도가 덮치고 몽돌이 쓸리는 해조음

4
북항 변화에 빨려 들어가는 배후지

영도 봉래·남항길

영도대교 교각 사이로 보이는 용두산공원과 자갈치시장의 전경. 그 건너편 깡깡이길 입구에 있는 공장, 대풍포 근처 포구에 정박한 선박들과 묘한 대조를 이루는 풍경이다. 부산 남항을 사이에 두고 마주 보는 양 지역은 지금의 부산을 만든 견인차 구실을 해왔다.

화려한 이면에는 언제나 그 꽃을 피우게 하는 배후가 있기 마련이다. 멋진 무대 뒤에는 의상과 조명을 위해 땀 흘리는 이가 존재하고, 휘황찬란한 쇼핑 매장 뒤에는 상품을 만들어내는 생산 기지가 있는 이치다. 이러한 모습은 지역 생활과 발전에서도 마찬가지다. 부산도 예외가 아니어서, 한때 전성기를 누렸던 남포동의 불빛은 남항 너머 영도를 기반으로 했기에 가능했다.

고급 식당과 살롱의 탁자를 수놓았던 아름다운 그릇

과 멋진 건물을 쌓아 올린 적벽돌은 수시로 배나 차량으로 남항을 건넜다. 부산의 젖줄인 항만과 수산 산업도 영도의 조선 산업에 큰 신세를 지고 있다. 배를 만들고 수리하는 영도민의 노력이 없었다면, 무슨 수로 화물과 어자원을 나르고 잡았을 것인가.

그곳이 이제는 그때의 흔적을 고이 간직해 볼거리를 만들고 있다. 또 바다 건너편 북항재개발지와 함께하려는 변모를 시도 중이다.

'어서 와' 손짓하는 영도

도시철도 남포역 6번 출구에서 출발한다. 입구에서 영도대교 도개에 대한 상세한 설명을 만난다. 긴 에스컬레이터를 올라와 자갈치건어물시장으로 방향을 잡았다. 아직도 일제 강점기 건물들의 흔적이 역력하다. 새 건물들이 들어섰고, 이전보다 정리된 느낌이 든다. 이 시장은 그간 재건축 논의가 여러 번 있었지만, 성사되지 못했다. 앞으로 그 작업이 어찌 될지는 모르겠으나 근대유산 보존에 대한 고민은 잊지 말아야 한다는 생각이 든다.

바닷가 쪽으로 나가면 남항 건너편으로 목적지가 보인다. 지금 선 자리는 유라리광장이다. 한국 전쟁 당시 피란민의 아픔을 보여주는 동상도 눈길을 끈다.

'지금은 늙고 병들어 일으켜 몸 세울 수 없는 영도다리/…/1·4 후퇴 때 건너왔는가/사주 관상 택일 금강산 철학관/30년 전통이라는 때 절은 흰색 페인트칠 간판/늙고도 늙었다 빛바랜 그 글씨…' 박남준 시인의 '영도다리 금강산 철학관'의 일부이다. 한때 영도다리 밑에는 많은 점집이 있었다. 하지만 그 정경은 이렇듯 시와 기억 속에만 존재한다.

영도대교를 건넌다. 그 끝자락에서 오른쪽 계단으로 내려오면 바닷가 길이다. 영도대교 밑을 지나면 주차장이 길게 이어진다. 이곳은 오후 6시가 지나면 포장마차촌으로 바뀐다. 주차 안내 표지판에 그 시간에 차량을 철수해 달라는 설명이 선명하다. 저녁 어스름이 깔리면 하나둘 포장마차가 들어서고, 뱃사람들이 하루의 피로를 풀며 회포를 나눈다. 이렇게 시작한 포장마차촌이 지금은 관광객들이 모이는 인기 장소로 부상했다.

그 앞에 '영도웰컴센터'가 보인다. 영도구의 관광지는 물론 부산 전체의 관광 안내를 받을 수 있는 곳이다. '웰컴'이란 센터 이름이 기분을 좋게 한다. 문형태 화가의 작품 '어서와'를 대할 때 떠올랐던 환대라는 단어의 따뜻함이 다시 느껴진다. 새로운 명소로 떠오른 '라발스호텔'이 마주 서 있다. 이 건물을 보면서 어느 건축가의 말이 귀에서 맴돈다. "가치 있는 장소는 고층 빌딩들이 들어서는 신도시보다는 그걸 바라볼 수 있는 건너편이다." 조망권을 미리 내다보고 변변찮아

북항 재개발지와 원도심 조망권이 뛰어나
인기를 끌고 있는 라발스호텔 전경.

Ⅲ. 파도가 덮치고 몽돌이 쓸리는 해조음

보이는 곳에 관심을 두라는 뜻이다. 라발스호텔의 입지를 보면 이곳도 그런 판단 아래 위치가 결정된 것 같다.

웰컴센터를 뒤로하자마자 거대한 창고 건물을 만난다. 보세창고로 쓰였던 곳이다. 여기에 미국 커피 전문 매체 스프럿지가 주관하는 '2022 스프럿지 어워드'에서 '올해의 로스터'로 선정된 모모스커피가 자리 잡고 있다. 영도에 이런 창고들이 많다. 모모스커피처럼 이를 새로운 역사적 유산과 도시 재생의 거점으로 삼으려는 움직임이 활발하다. 부산이 근대 물류 중심 도시였다는 것을 이 창고들이 보여주고 있기 때문이다. 실제 독일 베를린의 문화 공간 '브라우어라이'는 술 저장고가 가진 지역 연계성의 장점을 이용해 탈바꿈한 공간이고, 이탈리아 베네치아의 아르세날레 건축박람회장은 병기창이 바뀐 건물이다.

잘려 나간 백 년 붉은 벽돌 담장

모모스커피 끝에서 우측으로 방향을 잡는다. 멀리 골목이 보인다. 근처에서 아파트 공사가 한창이다. 얼마 안 있으면 옛 골목 모습이 사라지리라. 그길로 접어들어 미광마린타워 부지 굽이에 이르면 붉은 벽돌 담장이 눈에 들어온다. 어느 건물의 담벼락도 아니어서 홀로 서 있다. '조선경질도기주식회사' 담장의 일부가 남아 있는 것이다.

상단부가 잘려 나가 버린 조선경질도기주식회사 붉은 담장.

Ⅲ. 파도가 덮치고 몽돌이 쓸리는 해조음

이 존재의 사연을 부산근대역사관이 펴낸『그릇으로 보는 부산의 근현대』를 통해 살펴본다. 1917년 일본경질도기주식회사가 조선에 진출하여 영도에 조선경질도기 주식회사를 설립했다. 식민지 조선의 풍부한 원료와 노동력을 이용하여 수출용 도자기를 대량으로 생산하기 위한 목적이었다. 이 회사는 조선총독부의 지원과 수출 호황에 힘입어 조선 최대의 산업 도자기 생산 기업으로 성장했다. 8·15 광복 이후에는 적산으로 불하되어 1950년 대한도기주식회사가 세워진다. 이 회사는 한국 전쟁 시기에 부산으로 피란 온 화가들을 고용해 화려한 색채와 그림으로 구성된 핸드페인팅 장식용 도자 접시를 제작했다. 한국적인 풍속과 풍경을 소재로 한 기념품으로 외국인들에게 인기가 높았으며, 피란 화가들의 생계에도 큰 도움을 주었다. 그렇다. 이 담장은 과거 부산 경제의 한 축을 담당했던 도자기 회사의 흔적인 것이다.

한국 전쟁 때 그 회사에서 일한 피란 화가들의 이름을 『그릇으로 보는 부산의 근현대』에서 다시 찾아본다. 김은호, 변관식, 김환기, 전혁림, 이중섭 등 일반인의 귀에도 익숙한 거장들이 망라돼 있다. 우리나라를 대표했던 화가들이 그린 도자기 그림이 어떤 모습일까 궁금해진다. 그 당시에 미군 병사의 초상화를 그리며 생계를 이어가던 박수근 화백의 얘기가 나오는 박완서의 소설『나목』도 떠오른다. 붉은 담장 앞에 서니 이런저런 생각이 피어 오른다.

하지만 오 년 전에 비해 담장 규모가 줄어들어 아쉬움을 감출 수 없다. 지면에서 위로 올라간 부분이 싹둑 잘려 버렸다. 그때와 달리 역사 흔적을 알리는 표지판을 붙여 놓았지만, 왜 상층부를 없앴는지 고개가 갸웃거려진다.[3]

미광마린타워아파트 부지를 한 바퀴 돌아 길 건너 봉래시장과 삼진어묵에 도착한다. 어묵을 즐긴 후 'AREA6'에 들러보는 것도 좋다. 수제 맥주, 차, 아틀리에 등이 있는 건물이다. 부산대교 밑에서 왼쪽으로 돌아 골목으로 들어선다. 일제 강점기 유곽들의 자취를 보기 위해서다. 곳곳에 '주택 정리 사업'을 알리는 현수막이 걸려 있다. 이곳 영도의 옛길도 볼 날이 얼마 남지 않았다는 예보이다.

대교사거리까지 나간다. 횡단보도 너머에 '패총(조개더미)'이 발견된 곳이란 비석이 서 있다. 차량 통행이 빈번한 곳에 패총 유적지라니 의아하다. 과거 발견된 패총이 도로 건설로 유실됐다는 설명에 안타까움이 밀려온다.

---

3   검색 엔진 네이버 검색 결과 2021년 3월에는 담장 윗부분이 남아 있었다.

카페의 섬에서 만난 그야말로 옛날식 다방

영도경찰서 방향으로 200m 거리에 있는 부광약국에서 왼쪽 골목으로 접어들면 바닷가가 나온다. 대동대교맨션아파트 앞에 있는 대풍포매축비까지 걷는다. 매축비에는 매립되기 전 1926년까지 그곳이 포구였다는 기록이 적혀 있다. 여기서부터 대평동 깡깡이예술마을이 시작한다. 곳곳에 선박이 정박해 있고, 선용품점들도 즐비하다. 여러 조선소와 수리조선소가 몰려 있다. 쇠 냄새, 기름 냄새, 바다 냄새가 묘하게 섞이면서 표현하기 어려운 특유의 향기를 풍긴다. 낡은 배에서 녹을 떼는 '깡깡깡' 소리로 인해 이곳이 깡깡이마을로 불리게 됐다. 치열한 삶의 현장을 공감각으로 절감한다.

깡깡이길 곳곳에 점점이 박혀 있는 예술품들은 도시재생의 새 유형으로 꼽힌다. 공장들이 밀집한 지역에 따뜻한 숨결을 불어 넣는 장치이다. 오 년 전에 없었던 깡깡이 유람선이 운영 중이었다. 거리박물관을 걷다 보면 '대한민국 최초로 엔진을 장착한 목선을 만든 다나카 조선소가 세워진 곳'이란 팻말을 만난다. 그곳을 지나면 남항 너머 원도심을 볼 수 있는 최고의 조망 포인트를 만나게 된다.

깡깡이예술포토존 근처에 있는 '양다방'은 여전했다. 카페의 섬으로 불릴 정도로 변모하는 영도 안에서 그대로 남아 있는 옛 다방을 만나니 반갑기 그지없다. 오 년 전 다리쉼

카페의 섬이라는 영도에서 아직도 옛 정취를 간직하고 있는 양다방.

Ⅲ. 파도가 덮치고 몽돌이 쓸리는 해조음

을 하며 마셨던 쌍화차 한 잔의 맛을 떠올려 본다. 그 위에 놓였던 노란 생달걀도 눈에 어른거린다.

봉래산을 바라보며 걷는 대평로에서 아파트 벽면에 그려진 '우리 모두의 어머니'란 제목의 대형 그라피티를 만난다. 독일 출신 그라피티 벽화작가인 헨드릭 바르키르히가 그린 작품이다.

남항동주민센터까지 걸어와 왼쪽으로 방향을 틀어 다시 절영로 너머 제주은행으로 향한다. 이 구간 안에 물회골목이 있다. 전국 물회 양식을 모두 맛볼 수 있는 곳이다. 여기서 봉래산을 향해 걸으면 어찌하든지 남항시장에 도착하게 되어 있다. 시장이 남북으로 길게 형성돼 있기 때문이다. 시장 안에는 빙장氷藏회라는 독특한 음식이 이채롭다. 얼음에 잰 선어를 숙성해 먹는 회이다.

이 근처에는 세 곳의 돼지국밥 식당이 유명하다. 1938년에 문을 연 '소문난돼지국밥'은 가장 오래된 돼지국밥집으로 알려져 있다. 가까이에 있는 제주할매순대국밥, 재기돼지국밥에도 여전히 손님들이 붐빈다.

여기서 영도고가교를 지나 절영로에 접어들면 곧 흰여울문화마을 입구이다. 도중에 있는 부산보건고등학교는 6·25전쟁 발발 이후 남쪽으로 후퇴했던 연세대 전신인 옛 연희대학교 캠퍼스가 있던 자리다.[4] 1951년 10월 연희대학교는 영도구에 천막 교사를 짓고 독자적으로 개교해 수업을 이어 나갔다. 1953년 휴전협정 체결 이후 본교는 서울로 복귀했다. 1964년까지는 부산연세실업초급대학으로, 1966년까지는 4년제 가정대학으로 운영하다 서울로 캠퍼스를 통합했다.

길라잡이 포인트

| 도시철도 남포역-모모스커피-삼진어묵-대평동 깡깡이예술마을-
| 남항시장

---

4   국제신문 2023년 2월 26일 자

5
빠름과 느림, 변화와 정체의 고개 '대티'

대티고개~괴정동

고개는 두 지역을 가르면서 잇는다. 산이 유독 많은 우리나라 지형상 지름길이며 경계선이다. 물자를 이리저리 옮겨 이문을 취하는 장사치에게는 생명선이나 다름없었다. 그들은 언덕을 오르며 숨우듬지를 잡으려 애태웠고, 고갯마루에선 들메끈을 고쳐 맸다. 도시화에서도 고개 역할은 모양새만 달리한다. 재嶺는 중심부와 주변을 나누는 가림막이면서도 서로를 연결하는 다리이다.

　부산 서구 서대신동에서 사하구 괴정동으로 가는 대티고개를 넘는다. 1973년 대티터널 개통 이전에는 사람과 차량으로 북적댔던 곳이다. 지금은 썰렁하기 그지없다. 오죽하면 주민이나 버스를 잘못 탄 사람이 아니면 찾아오는 이가 없다는 말까지 나올까.

부산 서구 대티고개에 아파트가 숲을 이루고 있다.

시약산과 아미산을 잇는 고갯마루에 선다. 올라온 길과 내려갈 길을 번갈아 살펴본다. 서대신동의 아파트 광풍이 아직 고개를 넘지 못했나 보다. 눈으로 보이는 괴정동 모습은 이전 탐사 때와 별로 달라진 게 없는 것 같다. 고개는 이런 방식으로도 존재감을 드러내는가 보다.

아파트 숲속에서 들머리 못 찾아 헤매

출발점은 도시철도 1호선 서대신역 3번 출구. 많은 차가 대로를 따라 달리다 대티터널 입구에서 사라진다. 땅 밑으로 나 있는 도시철도 1호선의 방향도 그쪽이다. 발걸음은 대세를 거스른다. 차량을 뒤로하고, 대티고개로 향한다. 하지만 첫 답사 때와는 달리 들머리조차 찾기 어렵다. 이전에는 고갯길 입구가 보였는데 이제는 그렇지 않다. 새로 생긴 무성한 아파트 숲속에서 길을 잃을 지경이다. 어찌어찌 길을 잡으니 출구부터 오르막길이다. 대티로를 따라 300m 정도 올라간 지점에서 협성르네상스타운아파트를 만난다. 옛 동아고등학교 터다. 이런 학교가 한둘이 아니다. 고갯길의 옛 영화가 사라졌다는 의미다. 경사가 심한 곡선 길들이 이처럼 평평한 직선 길에 밀려 잊히고 있다.

왼쪽은 온통 아파트들이다. 오 년 전에는 고갯길에서 아래를 내려다보며 걸었는데 이제는 반대다. 하늘 높은 줄 모르고 오른 아파트를 올려다보고 걸어야 할 판이다. 그러니 고갯길 경사가 이전보다 낮아 보인다. 대티로 반대편에는 옛집들이 가득하다. 빠름과 느림, 변화와 정체로 비교되는 풍경이다. 다리가 뻐근해질 때쯤 '고분도리카페'가 나타난다. 고분도리는 서대신동의 옛 지명. 냇가에 지천으로 자란 버드나무로 고리짝을 만드는 사람이 많아 생긴 이름이란다.

고분도리카페에서 '감천문화마을'과 '꽃마을'이 멀지 않다. 등산을 겸해 주변 명소로 갈 수 있는 안내판들이 곳곳에 서 있다. 다시 대티로로 접어드니 고지가 바로 저기다. 고갯마루가 시야에 들어온다. 그 위로 준족의 말이 달리는 형상이 달린 인도교가 걸려 있다. 옛날 사하구에 목마장이 있었다. 괴정동의 옛 지명 역시 목장리였다. 괴정4동은 마골馬谷, 마하곡이란 이름으로 불렸다.

곧이어 영상嶺上에 올라선다. 재첩고개로 불리던 적이 있었다. 낙동강 하구에서 재첩을 캔 아낙네들이 꼭두새벽에 혼자 부산장에 가기 무서워 삼삼오오 괴정삼거리에 모여 이 고개를 넘었다는 유래를 지닌다. 도적과 산짐승이 출몰하던 옛날 일이다. 이 고개를 넘어서 서구로 갈 때 "부산 간다"라고 했던 시절이었다. 그만큼 경제적, 지리적, 문화적 거리가 멀었다. 소나무가 울창해 솔티고개라고도 불렸다.

Ⅲ. 파도가 덮치고 몽돌이 쓸리는 해조음

희망으로 역경을 이겨낸 사람들

　이제 사하구 그것도 괴정동으로 들어간다. 가풀막이 내리막으로 바뀐다. 내리받이 거리가 하단까지 10리 길에 이른다. 재첩을 팔려고 반대 방향에서 올라왔을 아낙네들의 수고로움이 떠오른다. 그 시절의 땀과 재첩 냄새가 바람에 실려 오는 듯하다.

　일제 강점기 때 대티고개에 분뇨 수집장이 들어섰다. 위치는 고갯마루에서 150m가량 내려와 오른쪽으로 보이는 평평한 부지다. 현재는 주택가로 변했다. 당시 내용물은 낙동강으로 뻗어 나간 관을 통해 배출됐다. 처리 방식이 재래식이어서 악취가 이만저만이 아니었다. 이 분뇨 처리장은 1970년대까지 운영됐다.

　도시철도 1호선 대티역에 이르면 비로소 경사가 완만해진다. 괴정초등학교를 지나 사리로를 따라 아래로 내려간다. 괴정천을 덮은 도로다. 이 천은 구덕산 남쪽 시약산에서 발원해 남쪽으로 흐르다가 동주여중 근처에서 서쪽으로 방향을 바꾼다. 괴정, 당리, 하단동을 차례로 관통하면서 낙동강 하류로 흘러드는 것이다. 사리로는 괴정천 상류에 있는 마을인 사릿골에서 이름을 따온 것 같다.

　도로 오른편에 커다란 자연 마을이 자리하고 있다. 신촌이라고 불리는 곳이다. 새로운 촌락이란 뜻이지만, 남모를 아픔이 밴 마을이다. 1953년과 그 이듬해 각각 '부산역전 대화재'와 '용두산 대화재'가 발생했다. 이 화재로 한국 전쟁 때 부산으로 온 피란민들이 갑자기 갈 곳을 잃은 이재민 신세가 되고 만다. 신촌은 그들이 집단으로 이주해 삶의 터전으로 삼은 부락이다. 괴정에는 이런 마을이 두 곳 더 있다. 신촌 건너편 북쪽 산기슭에 있는 '양지마을'과 괴정4동에 있는 '희망촌'이다. 마음 이름에서 고단한 삶을 반드시 이겨내겠다는 의지가 읽힌다.

괴정천 복개로를 따라 한참 내려오다가 사리로7번길에서 오른쪽으로 방향을 잡는다. 괴정시장이 서서히 드러난다. '신촌마트'란 상호도 있다. 피란민 이주자와 시장 형성의 관계를 짐작하게 한다. 무속과 관련한 집들이 많이 보인다. 한 치 앞도 예측하기 어려운 고난의 길을 걸었던 사람들이 모인 곳에서 흔히 볼 수 있는 모습이다. 시장이 사람과 물건으로 풍성하다. 옛날보다 덜 북적거린다지만, 파리 날리는 어느 전통시장과는 딴판이다.

여인들 빨래하는 회화나무샘터

뉴코아아울렛 쪽 시장 출구로 나선다. 길 건너편 국민은행에서 큰길을 버리고 왼쪽 옛길을 선택한다. 300m가량 걸으니 탁 트인 공간이 나온다. 회화나무샘터공원이다. 도심 안에 이런 곳이 남아 있다는 게 무척 신기하다.

수령 650년인 회화나무가 우뚝 서 있다. 괴정이란 지명도 여기서 유래했다. 회화나무의 한자어인 '괴목槐木'이 정자목亭子木으로 있는 마을이란 뜻이다. 그곳을 괴정본동이라고 부른다. 이 나무는 한때 천연기념물이었으나, 지금은 부산시 보호수로 관리받고 있다. 회화나무 아래에서 노인들이 마주 앉아 도란도란 얘기를 나눈다. 길거리 라이브 공연도 열리는 모양이다. 옛 마을 정취가 진하게 배어 나오는 정경에 가슴이 따뜻해진다.

회화나무 아래에 있는 '괴정큰새미'는 선사 시대 때부터 식수로 사용됐다고 한다. 먼 옛날부터 사람이 살았다는 뜻이다. 공원 안에 있는 '괴정작은새미'는 빨래터다. '빨래새미'라고도 불린다. 그곳에서 빨래하는 주민도 있다. 타임머신을 타고 조선 시대로 잠시 돌아간 듯한 착각에 빠진다. 회화나무샘터공원은 '대한민국 공간문화대상', '부산광역시 아름다운 조경상'을 수상한 명소이기도 하다.

괴정 자유아파트 옆을 지나 낙동대로 횡단보도를 건넌다. 그곳에서 도시철도 1호선 괴정역에 못미처 낙동대로244번길로 들어선다. 수령 620년의 회화나무가 서 있는 곳이 팔정자이다. 조선 말엽 포악한 한 첨사가 자신의 폭정을 비판하던 장소인 정자를 없애려고 했다. 그 첨사는 누각을 보수한다는 명목으로 백성 여덟 명을 희생하면서까지 정자나무를 잘라 버렸다. 이후 그 자리에 여덟 개의 가지를 가진 나무

가 자라나자 그런 이름이 붙었다는 얘기가 내려온다. 낙동
대로로 나오면 도시철도 1호선 괴정역이 지척이다.

길라잡이 포인트

도시철도 1호선 서대신역-고분도리카페-괴정초등학교-
회화나무샘터공원-팔정자

Ⅲ. 파도가 덮치고 몽돌이 쓸리는 해조음

6
도시화에 묻힌 시·공간의 흔적들

전포카페거리

어지간한 세파에 휩쓸리고, 쓸려가는 한이 있더라도 흔적은 남기 마련이다. 그 자국을 부표 삼아 새 생명이 돋고, 하나둘씩 삶터가 자리잡게 된다. 하지만 가공할 자연 위력이나, 칠흑 같은 망각의 힘이 한 올의 자취마저 허락하지 않을 때가 있다. 이 가운데 일부는 수천 년 세월이 흐른 뒤 제 모습을 드러내 세상을 놀라게 한다. 무모하다는 주위 우려를 뿌리친 채 인생과 재산을 온통 쏟아부은 이들에 의해서다. 베수비오 화산재에 묻혀있던 폼페이나 까맣게 잊혔던 트로이가 그 대표적인 사례다.

고층 빌딩과 인파로 넘치는 부산 서면 거리를 걸으면 그런 고적의 사연이 자연스레 떠오른다. 부산은 인간사 지층이 겹겹이 쌓인 도시다. 임진왜란의 첫 결전지이자 패전의 땅이었고, 일제 강점기 식민지 경영의 전초 기지였다. 한국 전쟁 때는 임시 수도 역할을 했고, 해방 이후에는 산업화의 관문 도시였다. 그렇지만 서면의 겉모습만 보고는 과거 이력을 좀체 찾기 어렵다. 그만큼 굴착기와 불도저를 앞세운 개발 바람이 거셌던 탓이다.

예전에 시간을 달리하며 한 공간을 차지했던 건물이나 시설들이 마그마에 녹은 듯 사라져 버렸다. 이번 발걸음은 그 자취를 발굴하는 여정이다. 하인리히 슐리만이 수차례 시도로 트로이를 일으켜 세우고, 주세페 피오렐리가 흙더미 사이사이 공간에 석고를 부어 사라졌던 사람 형상을 드러냈듯이.

동천 일대가 한국 제조업 태동지?

출발점은 부산 도시철도 1호선 범내골역 8번 출구. 지하에서 빠져나와 200m가량 곧장 가면 동천을 건너는 광무교가 지척이다. 오른편에 높게 솟은 건물에 우리은행 범천동지점이 있고, 뒤편이 부산교통공사다. 각종 사무실과 식당들, 아파트들로 가득한 전형적인 도심지 분위기다. 이곳이 우리나라 제조업 태동지였다는 사실이 실감나지 않는다. 은행들이 들어선 건물터가 동명목재 옛터였다. 시간을 되돌려 공장 굴뚝에서 나오는 연기로 가득한 동천 일원의 모습을 흑백 필름 돌리듯 떠올려 본다.

1963년 남구 용당동에 새 용지를 마련하기 전까지 동명목재는 이곳에서 공장을 가동했다. 동명목재 옛터가 인근 부산교통공사까지였다는 기록도 있다. 1925년 강석진 회장이 좌천동에 세운 동명제재소로 출범한 이 회사는 전성기에는 세계 최대 합판 공장으로 불렸다. 1969년 이후 7년간 연속으로 전국 수출 1위를 기록하기도 했다. '목재 왕국' 동명목재의 흔적은 동명대를 비롯한 동명문화학원이 명맥을 이어가고 있다.

광무교를 건넌다. 오 년 전 만났던 요식업체 빕스 부산 서면점은 온데간데없다. 역시 거주 시설 공사 중이다. 그 뒤에 솟아 있는 더샵센트럴스타아파트는 비교적 최근(2011년)에 입주했기에 그곳이 제일제당 자리였던 걸 기억하는 사람이 많다. 우리나라 최초의 흰색 설탕 '백설표 설탕'을 생산했던 곳이다. 당시 하이테크 산업이었던 설탕 생산은 삼성그룹을 있게 한 밑거름이었다.

더샵센트럴스타아파트 뒤쪽은 한국전력공사 부산·울산지역본부다. 이 터는 과거 전차 종점이었다. 전력으로 움직이던 전차 종점이 한전 지역본부로 바뀐 것이다. 부산의 전차는 1915년부터 50년 넘게 운행됐다. 일제 강점기에 노면 전차가 운행된 도시는 부산·서울·평양 등 국내에서 세 곳뿐이었다. 부산은 그만큼 '모던'한 도시였다.

동천로 너머 종로학원 쪽으로 들어간다. 지붕 위에는

'종로학원'이란 표시판이 여전히 붙어있으나 건물 정문의 학원 이름은 다르다. 공터에 '종로학원' 현판이 놓여 있다. 그간 어떤 변화가 있었나 보다. 골목 안에는 아직도 옛집이 남아 있지만, 빈집들은 많이 사라졌다. 오피스텔이 들어섰기 때문이다. 그렇다 보니 골목길이 사라져 버려 길을 찾기 어렵다. 다시 큰길로 나와 어렵게 경남공업고등학교로 나올 수 있었다.

경남공고 내에는 고 강수영 열사 추념탑이 세워져 있다. 이 탑은 1960년 4월 19일 민주화 시위 중 경찰의 총탄에 숨진 경남공고 학생 강수영을 추모하기 위해 건립됐다. 지금도 그날이면 추모제가 열린다. 지난해 우연히 학교 앞을 지나다가 추모제에 참가한 적이 있다. 나는 그날 감회를 페이스북에 이렇게 남겼다. "요새 정치가 어렵다고 해도, 어느 때엔 지금의 모습을 갈구했었다. 여론이 진영으로 나뉘고 혼란스럽다고 해도, 폭력으로 언론을 막지 않은 건 불과 얼마 되지 않았다. 오늘 추모제에 참석해 그런 생각에 잠시 잠겼다." 열아홉 살 청춘의 죽음을 기리는 내용을 새긴 금석문을 다시 대하니 가슴이 저린다.

밀려오고 밀려가는 서면 동네

학교를 나와 동천로를 걷는다. 도시철도 1호선 서면

종로학원 뒤쪽 골목으로 들어가면 폐가와 자연 부락,
주상 복합이 대조를 이루며 도시의 변화를 짐작게 한다.

역과 2호선 전포역 사이에 놓인 이 도로 일대는 새로운 다운타운으로 성장 중이다. 고층 빌딩이 즐비하고, 각종 학원이 들어서면서 젊은이들이 많이 모이는 곳으로 꼽힌다. 동천로 일대 골목도 변화를 멈추지 않고 있다. 물이 그 단단한 콘크리트를 적시듯이, 꽃봉오리가 아무도 모르게 벌어지듯이.

쥬디스태화 쪽으로 방향을 잡는다. 이 매장의 전신인 태화쇼핑은 한때 면적당 한국 최고의 매출을 자랑하던 백화점이었다. 이 대규모 소매점의 몰락은 재벌 자본의 향토 자본 잠식이 얼마나 파괴적인지 보여준 대표적인 사례로 꼽힌다. 과거 경제부 유통 산업 담당 기자로 태화쇼핑에 오랫동안 출입한 적이 있다. 당시 거대 유통 자본의 부산 진출을 막기 위해 부단히도 애를 썼던 기억이 새롭다. 하지만 중과부적이었다. 지금도 쥬디스태화를 마주할 때마다 그때의 무기력이 아프게 다가온다.

그 후문 쪽으로 번성했던 서면극장가의 형편도 알고보면 태화쇼핑 신세와 별반 다르지 않다. 이 일대에 자리 잡았던 동보극장, 태화극장, 대한극장은 1960~1970년대에 전성기를 누렸다. 그러나 멀티플렉스 등장으로 그 영화관들은 어디론가 사라져 버렸다. 그 사연을 담은 안내판을 읽어본다.

쥬디스태화백화점 신관 너머로 형성된 식당 골목으로 빨려 들어간다. 그 좁은 길은 가벼운 주머니의 옛 공구상가 사람들이 끼니를 해결하고, 회포를 나누던 곳이다. 지금은 원조를 내세우는 곱창, 복국집과 젊은이 취향의 경양식, 외국 음식점 등이 공존하는 모양새다. 세대 간 화합의 골목이라 불러야 할지, 신구 교체의 골목이라 불러야 할지 헷갈린다.

살짝 드러나는 NC백화점 서면점 지붕 귀퉁이를 따라 걷는다. 백화점 터는 한때 제일모직과 함께 국내 모직업계의 쌍두마차였던 경남모직(한일합섬)이 있던 자리다. 섬유산업이 한국경제의 주축이었던 1970년대에는 "경남모직에 다니는 미혼 남녀가 최고의 신랑 신붓감"이란 말이 나돌 정도였다. 이 전성기는 산업구조 과정을 거치면서 쇠퇴기로 바뀌고 말았다. 결국, 1995년에 공장 터까지 매각하는 지경에 이르렀다.

카페~전기 상가~노포 老鋪 지층

서전로 횡단보도를 건너 200m 정도 나가면 전포초등학교다. 서면중앙시장의 건너편에 있던 옛 상가 건물 일부가 보이지 않는다. 새 건물이 들어서지 않은 걸 보니 도로 확장이 원인인 것 같다. 그 안에 있던 오래된 맛집들의 행방이 궁금하다. 여기서부터 시작된 근린공원은 도시철도 1호선 부전역 8번 출구 근처까지 이어진다. 이 일대에는 부산 지역

고무 공장의 역사가 녹아 있다.

지금은 아무리 봐도 짐작하기 어렵지만, 대양고무와 홍아타이어공장이 있던 곳이다. 대양고무의 신발 상품 '슈퍼 카미트'는 어릴 적 신발 하나로 세상을 얻은 듯했던 추억을 자극한다. 홍아타이어는 지금의 넥센타이어와 맥이 닿아 있다.

가던 길을 되짚어 전포초등학교 뒷길로 접어든다. 이제부터가 전포카페거리다. 엄밀히 말하면 '전리단길'이다. 애초 카페거리는 서전로 너머에서 시작했다. 그 후 상가 권리금과 임차료가 급히 올라가고 말았다. 이에 따라 좀 더 값싼 점포를 구하려는 움직임이 이렇게 상권 확장이란 결과를 낳았다. 새 점포들이어서 그런지 신선한 감각이 담긴 인테리어가 자주 눈길을 끈다.

NC백화점 서면점 뒤쪽에 '전포카페거리' 이정표가 보인다. 그 근처에 전기·전자용품 판매·수리 업체가 즐비하다. 이런 점포들 가운데 상당수가 카페와 식당, 옷집으로 바뀐 게 현재의 카페거리다. 일 층은 전기 수리점이고 이 층은 카페인 한 건물이 그 실상을 단적으로 보여 준다.

⬤ 길라잡이 포인트

| 도시철도 1호선 범내골역-더샵센트럴스타아파트-NC백화점-전포초등학교-전포카페거리

　　　　　Ⅲ. 파도가 덮치고 몽돌이 쓸리는 해조음

7
40일 만에 만난 의문의 '삭제' 현장

심상소학교 라인

도시 발전상은 인간 세상의 헤게모니 양상과 묘하게 겹친
다. 고급 주택지와 양질의 행정 서비스, 사회 기반 시설이 기
득권 세력의 분포와 절대 무관하지 않다. 이런 구분이 명징
하게 드러나는 분야가 교육이다. 명문 학교가 교통망과 집
값의 원인이자 결과일 개연성이 높다. 교육의 목적이 결국
부와 권력의 대물림인가 하는 낭패감마저 든다.

그렇다면 일제 강점기 시절은 어떠했을까. 일본인들
이 다녔던 심상소학교尋常小學校들을 잇는 라인을 구상해 본
다. 일제 식민지 경영의 일단을 엿보는 발걸음이다.

'식민지 근대의 우울' 권력이 만든 길

'심상소학교'가 생경한 사람들이 많겠다. 1930년 이전

까지 일본인만 다니던 초등 교육 기관을 말한다. 한국 아이들은 가고 싶어도 가지 못했던 학교다. 당시 권력을 손에 쥐었던 일인이 많이 거주하는 곳에 심상소학교가 자리했다. 일제 강점기 시절 부산의 인적·물적 판도를 짐작할 수 있다.

부산에는 모두 8개의 심상소학교가 있었다. 이번에 나선 길은 영도 옛 이름인 목도에 있던 제4심상소학교를 제외한 7곳을 잇는 여정이다. 출발점인 부산 동구 범일동 성남초등학교는 제8심상소학교가 있던 자리다. 이곳은 일제 강점기 때 여러 산업 시설이 많았던 지역이다. 일본 경제인 자녀들이 많이 다녔던 학교로 짐작된다. 한편, 이 소학교가 가장 북쪽에 자리한 걸 보면, 당시 일인들의 생활 반경을 알 수있다. 실제 그들이 만든 지도에도 더 위쪽 지역이 보이지 않는다. 한국인들이 주로 살던 동래 지역에 관해선 관심도가 낮았기 때문이다. 그들 위주로 짜진 도시 구조를 엿볼 수 있는 대목이다.

도시철도 1호선 좌천동역 3번과 5번 출구 사이에 조성된 부산포개항가도로 들어선다. 임진왜란 때 첫 결전지였던 부산진성 전투와 일제 강점기 시절 독립운동 장면을 재현한 골목길이다. 착시 현상을 이용해 그린 대형 태극기 형상이 흥미를 끈다. 임진왜란 때 부산진성 전투에서 순절한 선열들을 기리는 정공단과 일제의 모진 고문에 만 17세 나이에 숨진 독립투사 정오연의 생가터를 만날 수 있다. 특히 정오연은 일인 집단 거주지 방화도 계획했다. 그가 태어나고 자란 곳 근처에 심상소학교가 있었다는 사실과 무관치 않아 보인다.

좌천삼거리 방향에 좌천 동굴이 조그만 입을 벌리고 있다. 동구청이 산복도로 르네상스 사업의 일환으로 다시 입구를 연 동굴이다. 일제 강점기 방공호로 추정된다. 한국 전쟁 때는 피란민들이 생활 터전으로 활용했다. 도로개설사업으로 폐쇄되기 전까지는 아귀찜과 파전, 막걸리를 파는 주점이었다. 여름에 시원하고, 겨울에 따뜻해 인기가 높았다고 한다.

부산일보 논설위원 시절, 좌천 동굴을 놓고 쓴 단상[5]을 남긴다.

부산 동구 좌천동 가구거리 뒤편에 있었던 '구 동굴집'과 '원조 동굴집'. 이름부터 그렇듯 두 식당은 서로 개업이 앞섰다고 우겼다던가. 진실을 알 길은 없지만 모두 30년 가까이 장사를 한 건 분명했다. 둘은 사실 한 공간을 나눠 쓰고 있는 셈이었다. 일제 강점기 방공호나 무기고로 쓰였을 U자형(길이 20m, 너비 2.5m) 동굴 양쪽에 따로따로 가게 문을 낸 형태였기 때문이다.

---

5   부산일보 2014년 11월 28일 자 [밀물 썰물] 동굴집

파전과 아귀찜, 동동주를 팔던 두 가게는 인기가 좋았다. 이런 동굴집들은 전국 곳곳에 있다. 동구만 해도 범일동에 '용꿈'이라는 동굴 해물탕집이 영업 중이다. 부산 인근 울산이나 밀양 등지에도 비슷한 장소들이 있다. 일제 강점기에 만들어졌지만, 지금은 보물창고나 다름없다.

좌천동 동굴집은 음식도 맛있었지만, 에어컨과 난로가 필요 없는 곳이어서 방문객들은 늘 신기해했다. 동굴에서 여름에는 서늘한 공기가, 겨울에 자연 열기가 나와서였다. TV에도 소개되면서 손님을 더 끌었다. 하지만 2009년 문을 닫아야 하는 운명을 맞는다. 앞으로 난 도로가 확장되면서 바깥 건물이 철거되고 만다. 게다가 축대 벽마저 세워져 동굴이라는 흔적마저 사라져 버렸다. 많은 이들이 섭섭해했다. 주머니가 얇았던 학생, 서민들은 더욱 그랬다. '대학생 시절 시국 얘기를 많이 했던 곳인데….' '처녀 때 참 많이 갔지요. 조폭 같은 사람이 소개해 줘서. 그 사람은 지금 어디에….' 동굴집 폐업 사실을 뒤늦게 안 사람들이 SNS에 남긴 아쉬움이다.

이 공간이 6년 만에 부활한다. 동구청과 좌천1동 마을만들기주민협의회가 사라진 지역 명소를 복원하는 사업에 나선 덕택이다. 안전진단 용역이 끝나면 내년

Ⅲ. 파도가 덮치고 몽돌이 쓸리는 해조음

9월쯤 복원된다. 불과 몇 년 만에 철거 대상에서 복원 대상으로 처지가 바뀐 좌천동 동굴집. 비록 조변석개 식 도시정책의 결과이지만, 옛 모습을 다시 볼 수 있게 돼 참으로 다행이다. 이 심정이 그간 개발이란 이름 아래 사라진 수많은 도시 흔적을 향한 짙은 그리움으로 변하는 건 어쩔 수 없지만.

봉생병원 뒤편에 이르면 '좌천큰새미'가 보인다. 그 건너편에 '좌천작은새미'가 있다. 새미는 '샘'의 경상도 사투리. 일제 강점기 때 고무공장, 유리공장 노동자들이 일을 마치고 새미에서 시원한 등목으로 고된 하루를 잊는 장면을 떠올려 본다. 좌천큰새미에 얽힌 일화가 전해 내려온다. 어느 재력가가 이 우물을 자신의 뜰에 넣고 독점하려 하자, 주민들이 힘을 합쳐 되돌려 받았다는 얘기다. 상수도가 보급되기 전까지 생명수 역할을 했던 공동 우물의 중요성을 새삼 느끼게 한다.

동구청 주변은 조선 후기 두모포왜관豆毛浦倭館 터다. 요즘 고관이라 불리는 곳인데, 이 명칭은 이후에 설치된 초량왜관을 신관이라고 부른 데서 유래한다. 동구청 아래에 두모포왜관 시절 공동 우물터로 추정되는 곳이 있다. 동구청 바로 아래인데도 방치돼 있어 안타까운 마음이 더하다.

치욕스러운 역사도 우리의 역사

수정1동주민센터로 향한다. 오르막 끝에 있는 일본식 가옥이 고개를 들게 한다. '문화공감수정'이다. 옛 이름은 정란각. 문화재청이 보수한 이후 새롭게 태어났다. 심상소학교를 찾아 걷는 우리에게 또 다른 감정선이 생긴다.

중앙도서관 수정분관 못미처 길을 따라 내려가면 경남여자중학교다. 일제 강점기에 제3심상소학교가 있던 곳이다. 이 소학교의 설립 연도(1905년)와 경부선 철도 개통 시기가 겹친다는 점이 흥미롭다. 경남여중 이전에는 중앙초등이 있었다.

그곳을 나와 고관로29번길을 따라 인창요양병원으로 내려온다. 아파트 숲 사이로 한 채의 일식 가옥이 질식할 듯 서 있다. 2007년 문화재청에 근대문화유산으로 등록된 일본식 주택이다. 일명 '다나카田中 주택'으로도 불린다.

부산도시철도 1호선 초량역과 정발장군 동상 부근에 이른다. 초량동 45번지 매축지마을이 있던 곳이다. 한때 경부선 종점인 국유 철도 초량역이 자리했던 터다. 지금은 옛 흔적을 찾을 길 없으니 '45번지'를 기억하는 이들이 얼마나 될까.

초량전통시장으로 향한다. 그 길에 놀라운 일이 생겼다. 40일 전에 초량길 답사 때 만났던 초량천 조형물이 사라져 버린 것이다. 연유를 알아보니 조형물 '초량살림숲'을 부

이번 답사 때
만났던 조형물
'초량살림숲'(위)이
40일 만에 사라진
모습(아래).

산현대미술관으로 이전한 모양이다.[6] 2021년에 설치한 이 작품은 한때 흉물 논란에 휩싸였다. 시민에게서 기증받은 식기류 등 살림살이 3,000점을 쌓은 6m짜리 거대 조형물이 다 보니 시각이 엇갈렸다. 하지만 유명 설치 미술가의 작품을 이전한 이번 사례는 공공 미술의 정의에 관해 뒷말을 계속 남겨 놓을 것 같다.

철거되기 전 촬영한 사진을 확대해 조형물 안내석에 적힌 내용을 적어 본다.

"초량천 예술정원/과 초량 살림숲, 〈온나 온나, 모다 모다〉. 최정화. 협력 예술인: 강정환, 김동연, 김범수, 김선정, 김수정, 김유림, 김재우, 박미리, 박중선, 배남주, 유경혜, 이준호, 이희원, 정영훈, 최승현, 최혜원, 한바다. 〈온나 온나, 모다 모다〉는 초량에서 유년 시절을 보낸 최정화와 17명의 부산지역 예술인들, 그리고 시민들이 함께 참여하여 완성한 공동 작품이다. 시민들의 기증으로 모인 낡은 살림살이 도구들과 일상의 물품들은 다시 물길 열린 이곳에서 뿌리가 되고, 나무가 되고, 숲이 되었다.

실제 삶의 흔적들이 켜켜이 쌓인 64개의 염원 탑으로

6   국제신문 2022년 9월 29일 자 게재

이루어진 이 숲은 과거, 현재, 미래의 공간이다. 모든 것을 구분과 차별 없이 수용하는 '환대'와 '경청'의 숲에서는 나와 너, 이곳과 저곳, 정과 반 사이의 울타리는 필요치 않다. 어제를 돌아보고, 오늘을 바라보고, 내일을 내다보는 우리들에게 대자연이 전하는 '살림'과 '회복'의 메시지에 귀 기울이는 정성이 필요할 뿐이다. 2021"

초량시장 아케이드를 지나서 만나는 탑마트에서 옛 남선창고 흔적을 찾을 수 있다. 창고는 2009년에 철거되어 지금은 붉은 벽돌로 쌓은 담장만 남아 있다. 이어서 등록문화재인 '구 백제병원'의 벽돌 외벽이 나타난다. 이 외형은 그대로 살리고, 내부는 보수한 '브라운핸즈카페'가 눈길을 끈다.

부산터널로 향하는 대영로지하보도를 건넌다. 중앙대로 뒤편 언덕길로 올라간다. 길고 긴 절개지가 뚜렷하다. 그 흙을 파서 바다를 메운 자국이다. 그래서 깎아지른 듯한 절벽을 뒷면으로 하는 건물이 중앙대로에 많다.

40계단 위를 지나 대청로를 건너면 부산영화체험박물관이 눈에 들어온다. 이 일대에 심상소학교들이 모여 있었다. 일본인들의 중심지, 다운타운이라는 의미다. 그들은 옛 초량왜관을 중심으로 행정, 금융, 전기, 교육 등 주요 업무에 종사했다. 그러니 그들 자녀를 위한 교육기관이 많이 필요했을 것이다. 영화체험박물관 아래 주차장이 동광초등학교 옛터다. 일제 강점기 때는 제7심상소학교였다. 원도심 공동화란 거센 풍랑이 여기를 쓸어 버린 모양새다. 졸업생들이 세워놓은 추억비에 재잘거리던 초등학생들의 목소리가 배어 있다.

일제 강점기 전차 노선도와 일치

지난 3월 1일 개관한 부산근현대역사관 별관에 들린다. 흥미로운 공간이다. 단지 동양척식주식회사 부산지점 당시의 천장을 복원한 모습을 여자 화장실 안으로 들어가야 볼 수 있다는 점이 아쉬움을 남긴다. 대청로를 건너 대성교회를 지나 대청로99번안길로 접어든다. 첫 답사 때는 커다란 일식 가옥을 만날 수 있었다. 하지만 지금은 건물은 사라지고 빈터만 남아 있다. 일제 강점기 때 조선의 수산왕이라 불렀던 카시이의 저택으로 알려져 있다. 전국 각지에 어장을 가지고 있었던 그는 100척 이상의 선박도 소유했다.

지척이 대청동주민센터다. 조선은행장 일본인 사택을 개조한 건물이다. 근처에 제1심상소학교가 있었다는 게 우연이 아니다. 그 소학교 자리가 광일초등학교다. 이 터는 임진왜란 이후 동래부사와 일본 사신이 외교 문서를 교환하고, 환영연을 베풀던 연향대청宴享大廳이 있던 곳이기도 하

일제 강점기 때 조선의 수산왕으로 불리던 카시이가 살았던 주택은
헐리고 빈터만 남아 있다.

다. 광일초등 축대가 고색창연하다. 그 역사의 내력을 고스란히 지닌 돌 하나하나를 손으로 쓰다듬는다.

보수동 책방골목을 가로질러 오르면 보수초등학교. 제5심상소학교 자리다. 흑교사거리로 향한다. 흑교는 복개 이전 있었던 검정다리를 한자화한 것이다. 검정다리라는 이름은 보수천에 놓인 다리가 썩지 않도록 통나무를 까맣게 태운 데서 유래한다. 아울러 검정 수의를 입고 이 다리를 건너 대신동 형무소로 향하던 독립투사들을 기리는 뜻도 담겨 있다고 한다. 검정다리 추억비 앞에서 망국의 아픔을 느낀다. 일인 자녀들이 다니던 심상소학교를 잇는 길을 찾는 여정이 편치만은 않다. 하나, 치욕스러운 역사도 우리의 역사라는 생각을 새삼 새기며 길을 나선다.

인근에 있는 화랑초등학교에 들린다. 과거 제2심상소학교였다. 당시 대신동이 신도시가 되면서 일인 거주자들이 늘어나자 생긴 학교다. 다시 길을 나서 구덕로를 따라 동아대 부민캠퍼스로 향한다. 그곳 마당에 일제 강점기 시절에 운행하던 실물 전차가 전시돼 있다. 노선도와 요금, 발자취를 전하는 설명판도 상세하다.

노선도를 살펴보다가 놀라운 사실을 알아낸다. 우리가 걸어온 '심상소학교 라인'과 유사한 경로다. 일본인의 편리를 위해 연결했던 대중교통망이 그들의 자녀가 다녔던 학교 위치와 그대로 일치한다. 길에도 권력이 스며들어 있다

　　　Ⅲ. 파도가 덮치고 몽돌이 쓸리는 해조음

는 걸 다시 느낀다. 도시철도 1호선 토성역 7번 출구를 나오면 토성초등학교가 가깝다. 제6심상소학교가 있던 곳이다. 당시 학생들의 문집도 보관돼 있다. 학교 역사를 잘 정리하고 있다는 느낌을 받는다.

교문을 나와 직진하면 한국전력 중부산사옥이 나온다. 대한민국 근대 문화 유산으로 지정된 건물이다. 일제 강점기 때 전차 운행을 목적으로 전기를 생산하던 민간 회사로 지어졌다. 내부 구조가 당시 그대로인 데다 부산에서 최초로 엘리베이터가 설치된 역사성도 갖고 있어 흥미롭다. 건물 내에 있는 역사관을 둘러본 후 도시철도 1호선 자갈치역 3번 출구로 발을 옮긴다.

길라잡이 포인트

성남초등학교-부산포개항가도-문화공감수정-광일초등학교-한국전력 중부산사옥

강동진 외, 「부산을 알다」, 부산발전연구원 부산학센터, 2015

구모룡 외, 『서부산 낙동강 문학지도』, 부산발전연구원 부산학연구센터, 2016

김기혁 외, 『부산의 자연 마을 제1권』, 부산광역시시사편찬위원회, 2006

김기혁 외, 『부산의 자연 마을 제4권』, 부산광역시시사편찬위원회, 2009

김기혁 외, 『부산의 자연 마을 제5권』, 부산광역시시사편찬위원회, 2010

김기혁 외, 『부산의 자연 마을 제6권』, 부산광역시시사편찬위원회, 2011

김대래, 『부산 귀속 사업체 연구』, 효민출판사, 2006

김대래, 『해방 직후 부산·경남지역의 공업』, 효민출판사, 2006

김동현, 『천일의 수도, 부산』, 새로운사람들, 2022

김영선 외, 「마을학포럼」, 부산발전연구원 부산학연구센터, 2015

김태현 외, 「부산기업의 창조성과 미래」, 부산발전연구원 부산학연구센터, 2014

김형균, 『부산정신 부산기질』, 호밀밭, 2021

김형균 외, 『도시재생 실천하라』, 미세움, 2014

깡깡이예술마을사업단, 『깡깡이마을, 100년의 울림-생활』, 호밀밭, 2018

대안사회를 위한 일상생활연구소, 『부산의 생활문화 유산』, 부산발전연구원, 2016

대안사회를 위한 일상생활연구소, 『사건과 기록으로 본 부산의 어제와 오늘』, 부산발전연구원, 2012

동구민간협의회, 『부산 동구에서 삶을 오롯이 이바구하다』, 부산광역시 동구청, 2017

뤼디거 자프란스키, 『하이데거』, 북캠퍼스, 2017

박승제 외, 「부산어묵사」, 부산발전연구원 부산학연구센터, 2015

박재환 외, 「부산의 노래, 노래 속의 부산」, 부산발전연구원 부산학연구센터, 2014

박종호, 『부산을 맛보다』, 산지니, 2011

박창희, 『나를 찾아 떠나는 부산 순례길』, 비온후, 2017

박훈하 외, 「마이너리티, 또 다른 부산의 힘」, 부산발전연구원 부산학센터, 2013

백영제 외, 『감천문화마을이야기』, 도서출판 두손컴, 2011

부산광역시, 『동장님의 단골집』, 부산광역시, 2017

부산광역시, 「부산 근현대구술자료집4 매축지마을 사람들 이야기」, 부산광역시시사편찬실, 2019

부산광역시 사하구, 『만화로 만나는 사하이야기』, 부산광역시 사하구, 2012

부산근대역사관, 『근대부산항별곡』, 부산근대역사관, 2016

부산발전연구원, 「부산인의 장소 습관 그곳의 기억들」, 부산발전연구원, 2018

서종우 외, 「부산의 미래 키워드를 찾다」, 부산발전연구원 부산학연구센터, 2016

신병윤 외, 「증산마을 이야기」, 부산발전연구원 부산학연구센터, 2015

오상준, 『리차드 위트컴』, 호밀밭, 2022

이근열·김인택, 『부산의 지명 연구』, 해성, 2014

이미식 외, 『나를 만난 오뒷세이아』, 북랩, 2019

이미식 외, 『유혹으로 읽은 일리아스』, 도서출판 엘박사들, 2022

이미식 외, 『헤로도토스 역사 따라 자박자박』, 도서출판 엘박사들, 2022

이미옥 외 , 「수영을 걷다」, 수영성문화마을, 2016

이현주 외, 「피란수도 부산의 문화예술」, 부산발전연구원 부산학연구센터, 2015

임회숙, 『감천문화마을 산책』, 해피북미디어, 2016

주경업, 「골목, 부산사람 1」, 부산시 중구청, 2017

주경업, 「부산이야기 99」, 부산민학회, 2008

주경업, 「부산학, 길 위에서 만나다 3」, 부산민학회, 2013

주경업, 「속 부산의 꾼·쟁이들」, 부산민학회, 2014

차철욱 외, 「부산미래가치를 말하다」, 부산발전연구원 부산학연구센터, 2013

채영희 외, 「6·25 피란생활사 피란민의 삶과 기억」, 부산발전연구원 부산학연구센터, 2016

홍영철, 『부산극장사』, 도서출판 부산포, 2014

황경숙 외, 「6·25 피란민의 자전기로 부산의 기억과 삶」, 부산발전연구원 부산학연구센터, 2017

"세상 모든 것에 감탄하는 지혜로운 사람들의 공간"
도서출판 호밀밭

부산 백 년 길, 오 년의 삭제
ⓒ 2023, 이준영

초판 1쇄	2023년 08월 24일
지은이	이준영
책임편집	민지영
디자인	최효선
펴낸이	장현정
펴낸곳	(주)호밀밭
등록	2008년 11월 12일(제338-2008-6호)
주소	부산 수영구 연수로 357번길 17-8
전화	051-751-8001
팩스	0505-510-4675
홈페이지	homilbooks.com
이메일	homilbooks@naver.com

Published in Korea by Homilbooks Publishing Co, Busan.
Registration No. 338-2008-6.
First press export edition August, 2023.

Author Lee Joonyeong

ISBN 979-11-6826-113-6 03300